Adelheid Müller-Lissner

Empty Nest

Adelheid Müller-Lissner

Empty nest

Wenn die Kinder ausziehen

Ch. Links Verlag

Meinen Töchtern

Auch als ebook erhältlich

Die Deutsche Nationalbibliothek verzeichnet diese Publikation in der Deutschen Nationalbibliografie; detaillierte bibliografische Angaben sind im Internet über www.dnb.de abrufbar.

1. Auflage, Februar 2020

Prinzenstraße 85 D, 10969 Berlin, Tel.: (030) 44 02 32-0
www.christoph-links-verlag.de; mail@christoph-links-verlag.de
Lektorat: Jana Fröbel, Ch. Links Verlag
Umschlaggestaltung und Satz: Nadja Caspar, Ch. Links Verlag
Druck und Bindung: Druckerei F. Pustet, Regensburg
Gedruckt auf säurefreiem, alterungsbeständigem Papier

ISBN 978-3-96289-086-5

Inhalt

Einleitung
11

Erstes Kapitel
Abnabeln. Eine Entwicklungsgeschichte
19

Binden und Lösen. Ein entwicklungspsychologischer »Fortsetzungsroman« 20
»Es sind Momente, in denen man den Fluss des Lebens sehen kann«. Nivedita Prasad, Sozialwissenschaftlerin und Mutter einer Tochter 20
Am Beginn steht die Symbiose 25
Auf eigenen Füßen 27
Ablösung von den Eltern 28
»Ich habe mich von ihnen abgesondert«. Anne Frank, eine Jugendliche im Versteck 30

Mutterblues oder Der Lauf der Dinge 32
Die Kunst des Liebens 34
Tanjas Geschichte 36
Problematische Bindungen 37
Warum die Kinder uns nichts schulden 39
»Ich bin deswegen nicht in ein tiefes Loch gefallen«. Milena M., Mutter eines Sohnes 40
»Wir gehen ein Stück weit in Rente, wenn die Kinder ausziehen«. Bettina Teubert, Familientherapeutin, Gründerin der Selbsthilfegruppe »Empty Nest Moms« 43

Zweites Kapitel
»Empty Nest«. Ein Thema für die Wissenschaft
49

Vogelkunde, kurz überflogen 50

»Für Vögel ist ein Nest keine Wohnung«. Caroline Deimel, Biologin 50

Die Psychologie und das »leere Nest« 56

Wie das Empty-Nest-Syndrom erfunden wurde 56

Loslassen als schmerzlicher Prozess. Tiefenpsychologische Überlegungen 60

Auszug aus dem Elternhaus. Eine empirische Studie 63

»Empty-Nest-Syndrom ist keine Diagnose«. Christiane Wempe, Psychotherapeutin 67

»Hungrige« Eltern? 69

Der soziologische Blick auf die Veränderung des Haushalts 71

Eine Kosten-Nutzen-Rechnung 71

Gewinn an Lebenszeit 73

Andere Zeiten, andere Länder, andere Sitten 76

Ökonomie und Altenteil 76

Der Vater im Austragshäusl. Ludwig Thoma und »Der Wittiber« 77

Familiäre Feldforschung 79

»Respekt und Bildung sind entscheidend«. Andrea Noll, Ethnologin 79

Philosophie und Lebenskunst 81

»Zur Lebenskunst gehört die Einsicht, dass Kummer Bestandteil des Lebens ist«. Wilhelm Schmid, Philosoph und Vater von vier Kindern 81

Drittes Kapitel
Zimmer frei! Eine Wohnungsbesichtigung
87

Was aus dem Jugendzimmer werden soll 88
Ein Zuhause für Erwachsene 88
»Ich habe den Raum für mich erobert«. Anke H., Mutter von vier Kindern 90
Ein Raum für mich allein? Virginia Woolf und ein »Frauen-Zimmer« 94

Ein Plädoyer für selbstbewusstes Wohnen 96
»Jetzt könnte mein Freund hier wohnen«. Heike W., Mutter eines Sohnes 97

Viertes Kapitel
Leiden Männer anders? Ein Blick auf die Väter
103

Von Nur-Müttern und neuen Vätern 104
»Viele Väter werden von ihren Gefühlen überrascht«. Pasqualina Perrig-Chiello, Entwicklungspsychologin und Mutter von zwei Söhnen 105
»Wir haben den Alltag geteilt, deshalb bin ich jetzt genauso traurig wie meine Frau«. Alexander K., Vater von zwei Kindern 108
»Einsicht und Erlebniswelt klaffen auseinander«. Andreas Maercker, Psychologe und Vater eines Sohnes 112

Fünftes Kapitel
Paare und Passanten. Ehe nach der Elternschaft
119

Übergang zur Zweisamkeit 120
»Unsere Gespräche drehten sich all die Jahre überwiegend um die Kinder«. Katrin und Holger K., Eltern von zwei Kindern 120

Erleichterung im Empty Nest 122
Unverhohlene Freude. Michel Houellebecq und die lieblosen Eltern 125

Scheidung nach der silbernen Hochzeit 126
»Als die Kinder ausgezogen sind, habe ich noch deutlicher gemerkt: Unsere Beziehung ist nicht mehr gut«. Florian F., Vater von zwei Kindern 130

Liebespaar, erneut ohne Anhang 133
»Viele verlieren sich als Paar, wenn sie in der Elternrolle aufgehen«. Monika Häußermann und Gerd Jakubowski, Paartherapeuten 133
»Wir machen jetzt erst einmal Interrail für reifere Erwachsene«. Katja B. und Carl H., Eltern von zwei Kindern 137

Single sein, Elternpaar bleiben 142
»Der Umzug wird eine Gemeinschaftsaktion«. Maria S., Mutter von zwei Kindern 143

Sechstes Kapitel
Hilfestellung beim Flüggewerden. Check-out aus dem »Hotel Mama«
149

Von Nesthockern und Helikoptereltern. Wenn erwachsene Kinder nicht ausziehen 150
Der Gang vor Gericht 152

Wer sind die Spätauszieher? 152
Generation ziemlich beste Freunde? 153
Arbeit an der Nestablösung 157
»Wenn man es endlich verkraftet hat, dass sie weg sind, kommen sie wieder«. Monika M., Mutter einer Tochter 158

Das Hikikomori-Syndrom 163
Hilfe durch Psychotherapie 164

Selbständig leben trotz Handicap 165
»Auch er hat jedes Recht der Welt, rauszukommen«. Anne-Caroline Ramm, Mutter von drei Kindern und Gründerin der Anne Ramm Stiftung 166

Siebtes Kapitel
Was kommt, wenn die Kinder gehen. Ein Ausblick
173

Neue Perspektiven 174
Kleine Typologie der Beziehungen 174
»Unser Verhältnis ist heute besser als je zuvor«. Irene U., Mutter einer Tochter 175
»Als Mutter habe ich heute einen anderen Blick auf meine Eltern«. Verena L., Tochter und junge Mutter 179
»Der Nachtisch ist ja meistens süß«. Dieter Thomä, Philosoph, Buchautor und Vater 182

Glückliche Eltern. Nach dem Auszug der Kinder 189

Zum Schluss
193

Anhang

Literatur 200

Dank 204

Die Autorin 205

»Das Herz hat seine Gründe,
die die Vernunft nicht kennt.«

*(Blaise Pascal, französischer Philosoph
und Mathematiker)*

Einleitung

Bei uns war es das alte Sofa: Mein Mann und ich schleppten das Ungetüm aus der Gründerzeit mit vereinten Kräften in die Küche. Das Sofa hatten wir schon ewig, es hatte einige Umzüge mitgemacht und die letzten Jahre eher unbeachtet im Flur zugebracht. Nun wollten wir das gute Stück, das wir als Studenten für wenig Geld beim Trödler erstanden hatten, wieder neu »besitzen«. Zugleich wollten wir es in unserer Wohnküche etwas kuschliger und weicher haben. Und wollten wir uns nicht auch an »früher« erinnern, an die Zeit ohne Kinder?

Das denke ich heute, damals war es uns nicht bewusst. Klar war nur: Wir waren an diesem Samstag als Möbelpacker in Schwung, hatten wir doch den ganzen Vormittag Kisten und Möbel getragen. Die mittlere unserer drei Töchter war in eine Wohngemeinschaft gezogen, wir hatten ihr mit einem gemieteten Kleintransporter beim Umzug geholfen. Und nun waren wir wieder zu Hause angekommen: in der Wohnung, die nicht mehr ihre war, aber unsere bleiben sollte. Auch wenn sie inzwischen deutlich leerer geworden war.

Denn unsere älteste Tochter wohnte schon längst mit ihrem Freund zusammen. Die Jüngste war zu diesem Zeitpunkt in Ecuador, sie hatte es sich in den Kopf gesetzt, nach dem Abi dort in einem ökologischen Projekt zu arbeiten. Toll, was die Mädels alles machten! Doch sie fehlten uns.

Es ist eine Erfahrung, die so gut wie alle Mütter und Väter eines Tages machen: Das Nest leert sich, das erste, zweite, dritte, letzte oder das einzige Kind zieht aus. Ein Teil des Trubels, der jahrelang die Wohnung erfüllte und sogar einmal den neuen Nachbarn dazu brachte, am Sonntagvormittag freundlich, aber bestimmt um etwas mehr Ruhe zu bitten, ein Teil dieses Trubels geht mit jedem Kind. Wenn das letzte geht, wird es besonders leise. Auch (zu) laute Musik, der Dauerstreit ums Aufräumen, das stundenlang blockierte Bad, die Konflikte um Hausaufgaben, um den richtigen Zeitpunkt fürs Ins-Bett-Gehen und später um den fürs Nach-Hause-Kommen von der Party: All der Stress ist nun Vergangenheit.

Kurz bevor unsere Jüngste nach Südamerika aufbrach, war noch dazu unsere Katze Madita gestorben. Als hätte das Haustier, das vor Jahren auf Wunsch der Töchter »angeschafft« worden war, gespürt, das sich nun etwas veränderte. Damit hatten wir noch eine Sorge, eine Pflicht weniger – und eine Freiheit mehr. Der altbekannte Witz von den drei Rabbis schien plötzlich auf uns gemünzt zu sein: Wann das Leben denn beginne, wurden die drei klugen Männer gefragt. Mit der Zeugung, meinte der erste. Mit der Geburt natürlich, wenn das Kind auf die Welt kommt, sagte dagegen sein Kollege. Eine komplizierte bioethische Debatte darüber, ob das menschliche Leben mit der Verschmelzung von Ei- und Samenzelle entsteht oder erst, wenn das Kind das Licht der Welt erblickt, hätte sich anschließen können – wenn nicht der dritte Rabbi gewesen wäre. Der dachte kurz nach, um dann zu erwidern: »Nein, das Leben beginnt, wenn die Kinder aus dem Haus sind und der Hund gestorben ist.«

Doch welches Leben soll statt all des Trubels nun beginnen? Was kommt, wenn die Kinder gehen? Das Leben von ganz früher, als man noch keine Kinder hatte, kann es kaum sein: Nun wird vielen bewusst, dass das Wort Eltern von älter kommt. Und älter zu sein als die eigenen Kinder bedeutet nicht länger, mehr zu dürfen, mehr zu können, mehr zu wissen als sie. Es beinhaltet nun, da die Kinder selbst erwachsen sind, auch: zu realisieren, dass man deutlich weniger Lebenszeit vor sich hat als sie und für einige Projekte möglicherweise nicht mehr die Kraft aufbringen wird. Der Auszug der Kinder macht der älteren Generation bewusst, dass unwiderruflich ein Lebensabschnitt zu Ende geht. »Als Nächstes kommen die Enkel«, sagt ein Vater, dessen Sohn zum Studium in eine andere Stadt aufgebrochen ist. So schnell geht es mit dem

Aufrücken in der Generationenfolge zwar heute meist nicht, doch zu den Jungen zählt man endgültig nicht mehr. Und an diesen Lauf der Dinge werden Menschen, die keine Kinder haben, längst nicht so unbarmherzig erinnert.

Dass die Kinder ihr Elternhaus verlassen, muss durchaus kein klinisches Leiden, kein behandlungsbedürftiges »Syndrom« hervorrufen – wie es der vor Jahrzehnten in den USA kreierte Fachbegriff *empty nest syndrome* nahelegt. Mit einem Rest von Vernunft sagen sich die meisten Eltern in dieser Situation: Was ist denn die Alternative? Wäre es nicht schlimmer, wenn das viel zitierte »Hotel Mama« für unser Kind zur Daueradresse würde? Stellen die Nesthocker, die sich nicht vom häuslichen Komfort lösen können und keine eigene Lebensperspektive entwickeln, nicht sogar das größere Problem dar?

Die Gefühle, die sich einstellen, wenn die Kinder ausziehen, dürften bei den meisten Eltern zwiespältig sein: In die Traurigkeit (und vielleicht sogar Trauer), die mit der Zeit vergehen wird, mischen sich meist Stolz und Freude. Haben wir das Kind nicht zur Selbstständigkeit erzogen? Wollten wir ihm oder ihr nicht etwas mitgeben, das hilft, sich in der großen weiten Welt zurechtzufinden? Geschafft!, sagt der Verstand. Warum schon jetzt?, meldet sich in vielen Fällen das Gefühl.

Wie jeder Einschnitt im Leben gibt der Auszug der Kinder aus dem Elternhaus Grund zum Nachdenken, ist er ein Anlass, Bilanz zu ziehen. Dazu brauchen viele Mütter und Väter ein bisschen Zeit. »Das Zimmer soll noch eine Weile so bleiben«, sagte eine meiner Gesprächspartnerinnen, die mich ins leere ehemalige Kinderzimmer ihrer Tochter, das künftige Arbeitszimmer, führte. »Ich muss den Auszug meiner Tochter ja erst verdauen.«

Phasen der Ablösung sind nicht nur Phasen der Trauer, sie sind bei allen Beteiligten zugleich Phasen der Unsicherheit hinsichtlich der eigenen Identität. Das beschreibt die Schweizer Psychoanalytikerin Verena Kast in ihrem Longseller *Loslassen und sich selber finden. Die Ablösung von den Kindern* treffend. »Ablöseprozesse von den Kindern könnten besser gelebt werden, würde man mehr darauf achten und bewusster Abschied nehmen.« Ein beherzigenswerter Rat. Allerdings ist das kluge Buch von Verena Kast stark auf ein Familienmodell fokussiert, nach dem Mütter sich als Hausfrauen und Familienmütter zwei Jahrzehnte lang fast ausschließlich um das Wohl der Kinder und der Familie sorgen, während die Väter im Beruf die materielle Grundlage dafür legen. Es sind nach ihrer Erfahrung deshalb vor allem die Frauen, denen der Abschied schwerfällt und die sich nach der Familienphase auf die Suche nach einer neuen Rolle begeben. Wenn das stimmt, müsste es den Eltern zunehmend leichter fallen, sich mit dem leeren Nest zu arrangieren. Schließlich sind Mütter heute mehrheitlich berufstätig, und die Väter sind es nach wie vor. Moderne Eltern dürften also mit der Lücke, die durch die Ablösung entsteht, kein Problem haben.

Doch die Erfahrung zeigt: Die Trauer um das turbulente Familienleben, die oft nach dem Auszug der Kinder einsetzt, ist nicht durch ein »Defizit« der Eltern bei der eigenen Lebensgestaltung zu erklären. Die Kinder fehlen nicht unbedingt, weil es an anderen Inhalten mangeln würde. Wenn es an etwas mangelt, dann ist es dieser besondere Inhalt, diese besondere Farbe, die das Zusammenleben mit den Heranwachsenden dem Alltag verlieh – bei allen Strapazen, die auch dazugehörten.

Für dieses Buch habe ich mit Männern wie Frauen gesprochen, die den Auszug ihrer Kinder aus der familiären Wohnung unter verschiedenen Umständen und auf ihre je eigene Art erlebt haben, die aber eines verbindet: Sie stehen alle im Berufsleben und/oder engagieren sich außerhalb der Familie. Zum Beispiel sah ich das fast leere Arbeitszimmer, von dem eingangs die Rede war, anlässlich des Besuchs bei einer Frau, die als Hochschullehrerin beruflich ausgelastet ist, international Anerkennung erfährt und täglich Kontakt zu jüngeren Menschen hat. Ein »Defizit« würde man bei ihr nicht diagnostizieren. Und doch ist durch den Auszug der Tochter eine Lücke entstanden.

(Wie) Wird sie sich schließen? Wenn die Kinder sich aufmachen, um woanders (im selben Ort, in einer Großstadt oder am anderen Ende der Welt) zu leben und sich zu diesem Zweck in einem anderen Haushalt (einem Zimmer im Studentenwohnheim, einer Wohngemeinschaft oder einer eigenen Wohnung) einzurichten, dann färbt ein wenig von der damit verbundenen Aufregung auf die ältere Generation ab. Auch ohne wegzugehen, treten Eltern nach dem Auszug ihrer Kinder eine Art Reise an. Wohin des Weges? Es lohnt sich, Erkundigungen über mögliche Routen einzuholen – vor allem von anderen Betroffenen.

Zwar liegt der Fall in jeder Familie etwas anders, wie wir sehen werden, doch es zeichnen sich Muster ab, typische Konstellationen und Themen, in denen sich andere Mütter und Väter wiedererkennen werden. So tauchen einige Erfahrungen und Gedanken in mehreren Gesprächen auf. Lebensregeln für Leserinnen und Leser aufzustellen oder kluge Ratschläge auszuteilen, ist mit diesem Buch jedoch nicht beabsichtigt. Dass man mit Ratschlägen vorsichtig sein sollte, wissen wir schließlich längst aus der Beziehung zu unseren erwachsenen Kindern.

Auch die Wissenschaft kann und will nur bedingt Hilfestellung leisten. Eine Fachdisziplin, die sich auf das Empty-Nest-Syndrom spezialisiert hat, gibt es nicht. Doch Psychologen, Psychotherapeuten, Familiensoziologen, Philosophen und Ethnologen steuern aus ihrer fachlichen Sicht Gedanken bei, die den Horizont der »verlassenen« Eltern erweitern. Als Wissenschaftsjournalistin wie als Privatperson habe ich solche Horizonterweiterungen stets als nützlich und befreiend empfunden. Ich habe mich deshalb intensiv auf die Suche nach Erkenntnissen aus der Wissenschaft gemacht, die Eltern helfen können, den Überblick zu bewahren, wenn ihre Kinder flügge werden.

Der Psychotherapeut Helm Stierlin etwa hat zu Beginn der 1980er Jahre drei verschiedene Beziehungsstile charakterisiert, die Eltern gegenüber ihren Kindern an den Tag legen. Sie alle haben Auswirkungen auf die Art, wie der Auszug der Kinder aus der elterlichen Wohnung erlebt wird. Im »Bindungsmodus« klammern sich Väter und Mütter an ihr Kind, im »Delegationsmodus« lassen sie ihm vermeintlich viel Freiheit, erwarten aber, dass Tochter oder Sohn gewissermaßen an ihrer Stelle aufregende Erfahrungen macht. Im »Ausstoßungsmodus« werfen sie das Kind verfrüht aus dem häuslichen Nest. Während die drei Modi in der Praxis eines auf Familientherapien spezialisierten Psychologen vermutlich häufig in Reinkultur zu erleben sind, kommen sie im Alltag wohl selten in krasser Form vor. Wer dem problematischen »Ausstoßungstyp« zuzurechnen ist, wird sich kaum für ein Buch zum »Empty-Nest-Syndrom« interessieren. Aber auch die beiden anderen Beziehungsformen dürften in Reinkultur bei Leserinnen und Lesern selten sein. Doch es lohnt sich, die Frage zu stellen, ob sich Elemente davon in der eigenen Beziehung zum erwachsenen Kind finden lassen. Mütter und Väter, deren Kinder flügge werden, verbindet schließlich, dass sie »zentrale lebenszyklische Ablösungs- und Loslösungsprozesse« durchleben. So nennt es die Schweizer Psychologin und Lebenslauf-Forscherin Pasqualina Perrig-Chiello in ihrem Buch *Wenn die Liebe nicht mehr jung ist.* Die fachwissenschaftliche Formulierung mag für viele tröstlich sein, zeigt sie doch, dass die gemischten Gefühle, die Trauer und die Wehmut, die Eltern bei allem Stolz auf ihre selbständigen Kinder bei deren Auszug befallen können, nichts »Besonderes« oder gar Pathologisches sind. Zugleich macht die Formulierung deutlich, dass viele Erwachsene in den mittleren Lebensjahren mehrere »lebenszyklische Ablösungsprozesse« gleichzeitig erleben: Möglicherweise werden in der Zeit, in der die Kinder zu Hause ausziehen, die eigenen Eltern pflegebedürftig, oder man muss mit deren Tod zurechtkommen – mit der Tatsache, nun keine Generation mehr über sich zu haben. Für Eltern, die ihre Kinder erst spät bekommen haben, fällt deren Auszug womöglich mit dem Eintritt in den Ruhestand zusammen: Sie selbst verbringen nun mehr Zeit zu Hause, während die Kinder in Zukunft Gast sein werden. Wer alleinerziehend war, fühlt sich nun vielleicht besonders einsam.

Elternpaare müssen sich in der Zweisamkeit neu finden. Frauen kommen möglicherweise in die Wechseljahre. Auch wenn längst nicht alle unter den Folgen der hormonellen Umstellung leiden, sind sie doch mit dem Ende ihrer Fruchtbarkeit konfrontiert. Sie wissen, dass sie keine weiteren Kinder mehr bekommen werden.

Da geht es den Vogeleltern anders, deren leeres Nest als Metapher für die Phase des Lebens herhalten muss, in der Menschenkinder zu Hause ausziehen. Sie bauen im nächsten Jahr neu – und bekommen erneut Nachwuchs. Wie sich bei der Kohlmeise die Nester füllen und leeren, erfahren wir aus dem Gespräch mit einer Biologin und Vogelkundlerin.

In diesem Buch interessieren uns vor allem die unauffälligen, unscheinbaren Familienkonstellationen: »ganz normale« Mütter und Väter, die ihre erwachsen werdenden Kinder lieben, jederzeit bereit sind, sie zu unterstützen und bei Bedarf zu beschützen, die ihnen Freiheiten lassen, ihnen neue Erfahrungen wünschen, stolz auf deren Selbstständigkeit sind – und sich doch mit dem Abschied zunächst schwertun. Schon weil es Eltern sind, die besonders intensiv über das »leere Nest« nachdenken und die bereit waren, darüber zu sprechen, ist selbstverständlich keine repräsentative Untersuchung beabsichtigt.

Es geht um Menschen, die nicht unter einem Syndrom leiden, die nicht krank sind, nicht behandlungsbedürftig und schon gar nicht verrückt – aber sensibel genug, um den Umbruch in ihrem Leben zu spüren, den der Auszug ihrer Kinder aus der familiären Wohngemeinschaft bedeutete. Einige haben die Erfahrung gemacht, dass in dieser Situation Verstand und Gefühl ein gehöriges Stück auseinanderklafften. Dass sie sich so, wie sie plötzlich waren, nicht kannten. Zumindest für einige Momente habe auch ich es so erlebt. Als tröstlich empfinde ich einen Vers des Dramatikers Molière, der eine seiner Figuren in dem Stück *Der Menschenfeind* die Weisheit aussprechen lässt: »Wir Menschen gelten als vernünftige Wesen, wer das behauptet, ist nie Mensch gewesen.«

»Die Mutterliebe muss die Trennung vom Kind nicht nur dulden, sondern fördern.«

Erich Fromm, Psychoanalytiker

Erstes Kapitel

Abnabeln.
Eine Entwicklungsgeschichte

Binden und Lösen. Ein entwicklungspsychologischer »Fortsetzungsroman«

»Es sind Momente, in denen man den Fluss des Lebens sehen kann«

Ein Gespräch mit der Sozialwissenschaftlerin Nivedita Prasad über den Auszug ihrer einzigen Tochter, ein karges Zimmer und den Nutzen der frei gewordenen Versorgungsenergie für den Kleingarten

Auch wer für Gedanken dieser Art nicht anfällig ist, neigt in manchen Situationen dazu, an Fügung oder Schicksal zu glauben. So saß ich vor einiger Zeit in meinem – fast schon angestammten – Friseursalon im Berliner Akazienkiez. Ich musste einen Moment auf meine Friseurin warten, und ich konnte gar nicht anders, als das Gespräch zwischen der Inhaberin des Salons und einer Kundin um die 50 auf dem Platz gegenüber mit anzuhören.

Wie es ihr gehe, fragte die Friseurin. Die Kundin hielt sich auf diese Frage hin nicht mit Belanglosigkeiten auf. Sie kam sofort zur Sache: »Nicht so gut. Meine Tochter ist in der vorigen Woche ausgezogen. Das muss ich noch verarbeiten.«

Diskretion hin oder her – ich musste mich einfach zu den beiden Frauen umdrehen. »Kennen Sie das auch?«, fragte mich die Kundin. Wie ich später erfuhr, heißt sie Nivedita Prasad und ist Professorin für Soziale Arbeit an der Berliner Alice Salomon Hochschule. Ihre Frage musste ich bejahen: Ja, ich kenne das Problem, schließlich habe ich drei Töchter, die nach und nach aus der elterlichen Wohnung ausgezogen sind. Und jede für sich hat eine ganz besondere Lücke in unserem Haushalt hinterlassen. Ich schob gleich nach, dass das Thema mich noch aus einem anderen Grund interessierte: weil ich über die Erfahrungen anderer Mütter und Väter recherchierte. Kurz darauf waren wir zu einem Gespräch verabredet.

Nun besuche ich sie also in der Wohnung, in der bis vor vier

Wochen ihre 22-jährige Tochter mit ihr lebte, die jetzt mit Sack und Pack in eine Wohngemeinschaft in Berlin-Mitte gezogen ist. Damit hat die junge Frau ein Vorhaben in die Tat umgesetzt, das sie ihrer Mutter ein Jahr zuvor angekündigt hatte – am Muttertag.

Ihr Jugendzimmer soll einmal das Arbeitszimmer der Professorin werden. In der Dreizimmerwohnung, in der sie bis vor Kurzem zu zweit lebten, hat ihr ein solcher Raum immer gefehlt. Und jetzt, während des Forschungssemesters, in dem sie viel Zeit zu Hause verbringt, ist er besonders wichtig. »Aber noch ist es zu früh, ihn einzurichten«, sagt Nivedita Prasad. Nur ein Schreibtisch steht deshalb in der Mitte, provisorisch.

Das Zimmer soll noch für einige Zeit so karg aussehen. Und das nicht allein, weil die Wohnungsinhaberin die Bauhaus-Architektur und einen schlichten Stil liebt. Nivedita Prasad möchte mit dem Einrichten warten, bis sie klarer sieht. Sie möchte dem Gefühl nicht ausweichen, das sich in ihrem Kopf eingenistet hat und das die tatkräftige Frau bisher nicht kannte. Sie findet, dass sie diese besondere, neue Art der Traurigkeit durchleben muss. »Ich bin ein bisschen verloren«, sagt sie. »Aber das ist der Lauf der Dinge: Die Kinder freuen sich, die Mütter heulen.«

Dabei finde sie die Entscheidung ihrer 22-jährigen Tochter, die eine Ausbildung zur Notfallsanitäterin macht, vollkommen richtig. »Die Bedingungen sind ideal, der Zeitpunkt passt, alles ist ganz harmonisch verlaufen. Außerdem weiß ich: Schlimmer wäre es, wenn sie *nicht* ausziehen würde.« Zudem habe sie die Tochter in den letzten drei Jahren ohnehin nur im Doppelpack erlebt: mit ihrem Freund, bei dem sie häufig übernachtete. Die Ablösung kam also nicht plötzlich.

Ihr harmonischer Verlauf erscheint Nivedita Prasad alles andere als selbstverständlich. Bei ihr selbst war es seinerzeit anders. »Ich bin so gegangen, wie man das niemandem wünscht«, erzählt sie, als wir im Wohnzimmer beim Tee sitzen. Zu diesem Zeitpunkt war Nevedita, die mit ihrer Familie als 13-Jährige aus Indien nach Deutschland gekommen war, erst 16 Jahre alt – und sollte zurück nach Indien. Die gute Schülerin wollte in Deutschland bleiben, weiter lernen, Abitur machen, studieren, frei sein. Das erkämpfte sie sich mit beachtlicher Energie beim Jugendamt: Bis sie volljährig wurde, lebte sie auf eigenen Wunsch im Heim. Zwar versteht sie sich inzwischen wieder gut mit ihren Eltern, den Großeltern ihrer Tochter, doch lange Zeit herrschte Funkstille. »Wenn man sich auf diese Art getrennt hat, wird es nicht urplötzlich wieder gut.«

Es waren also nicht ihre Eltern, sondern andere Erwachsene, die die 16-Jährige unterstützten. Sie hat durch die eigene Geschichte gelernt, zwischen Herkunftsfamilie und sozialer Familie zu unterscheiden. Ein Konzept, das auch für das Leben ihrer eigenen Tochter fruchtbar wurde: Diese wuchs zwar nicht mit ihrem leiblichen Vater auf, aber ein enger Freund und Vertrauter half der Mutter, sie großzuziehen. Dass er der soziale Vater ist, wurde inzwischen auch amtlich dokumentiert. Auch für ihn, der nicht bei Mutter und Tochter wohnte, aber in der Wohnung ein und aus ging, der mit am Esstisch saß, sich unzählige Male die Hausaufgaben anschaute und ebenso oft die Spieleabende der Kleinfamilie mitmachte, geht nun ein Abschnitt zu Ende.

»Was ich nicht vermisse, ist die Unordnung«, sagt die Mutter. »Ich bin ein ordentlicher Mensch, und ich kann es nicht gut haben, wenn auf dem Wohnzimmerboden Bulettenreste und Socken rumliegen.« Und doch: Als sie neulich in ihren Kleingarten kam und die achtlos auf die Terrasse geschleuderten Flipflops sah, war sie gerührt. »Meine Tochter war da!« Der Kleingarten ist im Moment besonders wichtig. »Er nimmt viel von meiner Versorgungsenergie«, sagt Nivedita Prasad. Statt um das Kind kümmere sie sich nun um die Zucchini. »Und das bringt schnell ein gutes Ergebnis.« Kinder hingegen wachsen langsam, eine große Spanne Leben verstreicht, während man sie beim Großwerden begleitet. Man erinnert sich kaum daran, wie es vorher war. »Ich kann nach 22 Jahren nicht einfach an die Zeit anknüpfen, in der ich als Kinderlose gelebt habe. Ich kenne diese Situation gar nicht mehr.«

Sie hat sich verändert. Auch die beginnenden Wechseljahre erinnern sie deutlich daran, dass sie in eine neue Lebensphase eingetreten ist. »Da wird die Vergänglichkeit zum Thema. Es sind Momente, in denen man den Fluss des Lebens sehen kann.«

Gleichzeitig gilt es, im Alltag neue Gewohnheiten an die Stelle der alten zu setzen. »Man merkt die Veränderung ja an den Kleinigkeiten: dass man die große Waschmaschine nicht so schnell voll bekommt, dass ich die saubere Wäsche später nicht in zwei Stapel sortiere und dass der Riesen-Kühlschrank nicht so gut gefüllt ist.« Inzwischen sei der Kühlschrank in der Gartenlaube oft voller als der zu Hause, berichtet Nivedita Prasad. Beim Einkaufen greife sie aber oft noch automatisch zu den Lebensmitteln, die die Tochter mag. »Dabei esse ich gar keine Wurst zum Frühstück.«

In den letzten Jahren war der Haushalt schon längst nicht mehr so planbar gewesen wie in den Zeiten, als die Tochter zur Schule ging – »und bis zum Abitur Schulbrote von mir geschmiert bekam«. Oft hat Nivedita Prasad für drei gekocht, für den Freund gleich mit. Und dann hat sie doch an manchen Abenden nach einer äußerst kurzfristigen Absage per WhatsApp allein gegessen. »Darüber habe ich mich durchaus auch mal geärgert!« Auch was das Putzen der Wohnung betrifft, ist eine Veränderung eingetreten. Denn in den letzten Jahren hatten die beiden Bewohnerinnen sich diese Arbeit geteilt. »Nun muss ich zwar weniger putzen, das aber alleine.«

Was auch aufgehört hat, ist die »doppelte Kalenderführung«: Welche beruflichen und privaten Termine hat die Mutter, wann muss die Tochter wo sein? Mutter und Wissenschaftlerin zu sein, hatte Nivedita Prasad lange Zeit organisatorische Meisterleistungen abverlangt. »Das mütterliche Angebot bestand ja lange Zeit in Präsenz. Wenn ich das nicht leisten konnte, habe ich mich auf ein ganzes Netzwerk von Betreuern und Betreuerinnen gestützt.« Als die Tochter erwachsen war, blieb von der jahrelangen Präsenzpflicht der Mutter immerhin die Gewohnheit, das »Kind« zu informieren, wenn sie abends etwas vorhatte. »Dass ich gestern

Abend nach einem Konzert noch mit einer Freundin zum Falafel-Essen gegangen bin, ohne meine Tochter anzurufen, war für mich ganz ungewohnt.«

Die junge Frau hat nur wenige Möbel aus ihrem Kinderzimmer mitgenommen. »Das neue Zimmer sollte anders aussehen.« Der Schreibtisch und das Bett werden nun im Keller aufbewahrt. Immerhin hat sie einige Kochutensilien mitgenommen, sodass es auch in Nivedita Prasads Küche leerer aussieht. »Ich wollte ihr eigentlich noch viel mehr mitgeben, auch Geschirr und Bettwäsche. Das ist die indische Tradition, von der ich anscheinend doch geprägt bin. Ich finde diese Idee der ›Mitgift‹ schön.«

Materialisiert sich in diesem Brauch womöglich der Wunsch der Eltern, ihrem Kind etwas Brauchbares fürs Leben mitzugeben? Durchaus, findet meine Gesprächspartnerin. Geben und Nehmen, das sei ohnehin im gemeinsamen Leben mit einem Kind nicht zu trennen. Heute Abend jedenfalls wird die Tochter etwas für die Mutter tun: Sie wird sie erstmals in der neuen Wohnung bekochen. Wer etwas für wen tut, wenn die Tochter schon vor dem Auszug dekretiert: »Weihnachten soll aber alles wie immer bleiben!«, ist hingegen schwer zu entscheiden. Auf jeden Fall ist klar: Man wird sich – mit dem sozialen Vater – zum Feiern wie immer in der Wohnung der Mutter treffen.

Wenn es um das Auto geht, das in der Nähe der mütterlichen Wohnung auf einem Parkplatz steht, oder um die Post, die sich zu Hause sammelt, ergibt sich ein Treffen der beiden Frauen, die nun in verschiedenen Berliner Bezirken leben, fast von selbst. Das sind alltägliche Anlässe für persönliche Kontakte. »Einen festen Termin dafür wollte meine Tochter nicht«, sagt Nivedita Prasad. Die Tochter habe auch von sich aus die Frage angesprochen, ob sie den Schlüssel zur mütterlichen Wohnung abgeben solle oder müsse. »Sie wollte ihn gern behalten, aber nicht an ihrem Schlüsselbund.«

Gibt es außer der Unordnung Dinge oder Gewohnheiten aus der Zeit des Zusammenlebens, auf die die Mutter nun gern verzichtet? Ihr fällt sofort die provozierend gute Stimmung ein, mit der die Tochter ihren Tag schon sehr früh am Morgen begann. »Ihre gute Laune schon um fünf Uhr morgens und den Gesang, von dem ich immer wach wurde, vermisse ich nicht!« Außerdem kann sie sich nicht vorstellen, in ihrem Alter noch einmal mit einem Mädchen in der Pubertät zusammenzuleben. Denn das war anstrengend. »Ich bin inzwischen ruhebedürftiger geworden, muss ich sagen. Außerdem fand ich es schon damals ungerecht, wie sie aufblühte, während ich langsam verwelkte.« Bald überragte die Tochter ihre Mutter um etliche Zentimeter. Lässig holte sie ihr Gegenstände aus dem obersten Regalfach, und sie musste keine Brille aufsetzen, um Kleingedrucktes zu entziffern. Nun kann sie diese kleinen Liebesdienste nicht mehr übernehmen. »Sie hat daran gedacht, mir zum Abschied eine Lupe und eine Trittleiter zu schenken.«

Am Beginn steht die Symbiose

Einen jungen Menschen, der seine erste eigene Wohnung bezieht, verbindet mit seinen Eltern eine lange gemeinsame Geschichte. Es ist auch eine Geschichte der Ablösung. Eine Geschichte in merklichen und unmerklichen Etappen. Zu Beginn ist die Sachlage klar, jedenfalls für die Mutter: Sie und ihr Kind stellen eine untrennbare Einheit dar. Eine Einheit, die für die Frau, in deren Bauch das Kind heranwächst, durchaus ihren Preis hat. »Der mütterliche Organismus verliert in der Schwangerschaft seine Eigenbestimmung«, erläutert der Physiologe Henning Schneider in dem Band *Kinder – zu welchem Preis?*, den der Gynäkologe und Geburtshelfer Klaus Vetter herausgegeben hat.

Wer in dieser Zeit aus medizinischer Sicht eigentlich bestimme, das sei der Mutterkuchen, die Plazenta, schreibt Schneider. Und die sei, ihrem deutschen Namen zum Trotz, eindeutig Teil des Kindes, sie sei Sachwalter seiner Interessen, also sein Anwalt. Als zentrale Schaltstelle der Symbiose sorgt die Plazenta für Umstellungen auf Hormon- und Stoffwechselebene, ohne die das Ungeborene nicht ausreichend versorgt würde. Sie dirigiert, damit das Kind heranwachsen kann. Der Slogan »Mein Bauch gehört mir!« stimmt während der Schwangerschaft aus biologischer Sicht also nicht.

Man könnte meinen, dass sich in der Gebärmutter der Frau ein kleiner Parasit eingenistet hat, ein ausgefuchster Schmarotzer, der auf Kosten seiner Mutter lebt. Er ist dabei auch auf sie angewiesen. Damit sie den fremden Organismus in sich toleriert, wird ihr Immunsystem heruntergefahren. Und der kleine Schmarotzer kann sich auf Hormone verlassen, die den mütterlichen Stoffwechsel zu seinen Gunsten verändern: Hormonell gesteuert nehme zum Beispiel die Empfindlichkeit für Insulin bei der Mutter deutlich ab, erläutert Klaus Vetter, der als Chefarzt der Geburtsmedizin im Berliner Vivantes Klinikum Neukölln zahlreiche Mütter betreut und ihren Babys auf die Welt geholfen hat. »Bei knappen Verhältnissen wird auf diese Weise Glukose sozusagen für den Fötus aufgespart und bereitgehalten.« Lebt die Schwangere hingegen ernährungstechnisch gesehen im Überfluss, wie das im heutigen Westeuropa zumeist der Fall ist, dann bedeutet das eine Belastung für den Kohlehydrat-Stoffwechsel, die bis zum Schwangerschaftsdiabetes führen kann. Was für das Kind gut ist, beinhaltet für die Mutter ein Risiko – und das in Zeiten des Hungers wie des Luxus.

Sehr wahrscheinlich tragen in der Zeit der Schwangerschaft Hormone dazu bei, dass mütterliche Gefühle entstehen. »Wir wissen, dass das Hormonsystem stark auf die Psyche einwirkt«, sagt Geburtsmediziner Vetter. Auch körperliche Veränderungen, die die Schwangere langsamer und ermüdbarer machen, »sie zu einem Rückzug aus dem Alltagsstress zwingen«, sind seiner Ansicht nach an diesem Prozess beteiligt. Alles gut für das Kind. »Der Parasit nimmt sich, was er will, und macht dabei die Frau zur Mutter«, resümiert Vetter.

Wenn das Baby »auf der Welt« ist, setzt sich mit dem Stillen die Symbiose fort. Doch zuvor hat sich die entscheidende Trennung beider Organismen ereignet. Das Kind ist auf die Welt gekommen. Das Durchtrennen der Nabelschnur, das heute oft der Vater vollzieht, ist ein Akt von großer Symbolkraft.

Auf eigenen Füßen

Machen wir einen kleinen Sprung: »Am Ende des zweiten Lebensjahres erfährt die Selbstwahrnehmung eine tiefgreifende Erweiterung: Das Kind wird sich seiner selbst bewusst«, schreibt der Schweizer Kinderarzt und Autor Remo Largo in seinem Buch *Kinderjahre.* Entwicklungspsychologen weisen dies zum Beispiel mit dem »Rouge-Test« nach: Dafür wird dem Kind, während es spielt, unbemerkt ein roter Fleck ins Gesicht gemalt, dann wird sein Verhalten vor einem Spiegel beobachtet. Kinder unter eineinhalb Jahren freuen sich über das Wesen im Spiegel und greifen danach wie nach einem neuen Spielpartner. Kleinkinder im Alter von 18 bis 20 Monaten bemerken den Fleck und versuchen ihn wegzuwischen – bei sich selbst.

Etwas später benutzen sie ihren eigenen Vornamen, sprechen von sich in der dritten Person. Bis sie schließlich »Ich« sagen. Die Schriftstellerin Christa Wolf hat in ihrem autobiografischen Roman *Kindheitsmuster* treffend beschrieben, dass damit eine neue Epoche eingeleitet ist. Die Kindheitserinnerungen der Romanheldin Nelly setzen mit dem Tag ein, an dem das Mädchen vor dem Lebensmittelladen der Eltern saß »und in Gedanken das neue Wort ausprobierte, ICH ICH ICH ICH ICH, jedes Mal mit einem lustvollen Schrecken, von dem es niemandem sprechen durfte. Das war ihm gleich gewiss.« Nelly geht an diesem Tag zögerlich zurück ins Haus, »denn ein Kind, das zum ersten Mal in seinem Leben einen Schauder gespürt hat, als es ICH dachte, wird von der Stimme der Mutter nicht mehr gezogen wie von einer festen Schnur«.

Allmählich gewinnen gleichaltrige Kinder als Spielgefährten und Vergleichsmaßstab an Bedeutung. Wie sehr ein Kind sich

»nach außen« orientiert, ist individuell verschieden. Jeder kennt Vierjährige, die sich liebend gern zum Übernachten mit Freundinnen verabreden, und auf der anderen Seite Zehnjährige, die bei der Klassenfahrt von Heimweh übermannt werden. »Nach außen« bedeutet nicht notwendigerweise: zu anderen Kindern hin. Auch die Erzieherin oder Grundschullehrerin kann zum Maßstab werden: Was sie sagt, ist richtig, die Eltern haben gegen das Neue zunächst keine Chance. Das macht die Einschulung zum erneuten Einschnitt. Nun stellt erstmals die Gesellschaft verpflichtende Anforderungen an das Kind. Und das Kind ist reif dafür, direkt und ernsthaft von Erwachsenen zu lernen, die nicht seine Eltern sind. »Ein Erstklässler ist innerlich bereit, sich an seine Lehrerin zu binden und von ihr unterrichtet zu werden«, schreibt Remo Largo.

Doch die Eltern bleiben wichtig, sie sind das Fundament. »Das Kind kommt mit einer großen inneren Bereitschaft auf die Welt, so zu werden wie die Menschen, mit denen es aufwächst«, betont Kinderarzt Largo. Das ist beruhigend und beunruhigend zugleich. Beruhigend insofern, als wir auf diese Weise dem Kind Kulturtechniken und moralische Maßstäbe mitgeben können. Unserem Bemühen, Dinge weiterzugeben, entspricht schließlich der Wunsch des Kindes, sie von uns zu übernehmen. Beunruhigend wäre aber, wenn in und mit der nächsten Generation nichts Neues hinzukäme.

Ablösung von den Eltern

Dafür, dass es dazu nicht kommt, sorgt die Pubertät: eine stürmische Lebensphase, die für viele Eltern anstrengend ist. In mitunter harten Auseinandersetzungen müssen Grenzen gezogen werden, auch im Interesse des Wesens, das körperlich dank der Geschlechtshormone zur Frau oder zum Mann reift. Dessen Gehirnentwicklung hinkt jedoch in charakteristischer Weise nach, sodass rationale Entscheidungen erschwert werden: Wir wissen inzwischen aus der Neurobiologie, dass Bereiche im Frontalhirn, die für überlegte Entscheidungen zuständig sind, besonders langsam reifen, sodass das limbische System, in dem Emotionen verarbeitet werden, eine Zeit lang die Oberhand hat.

In Ratgebern wird diese Lebensphase oft als problematisch dargestellt. Tatsächlich kann die Risikobereitschaft von Jugendlichen gefährlich werden, wenn sie durch den Druck Gleichaltriger verstärkt wird, wenn Drogen und Gewalt ins Spiel kommen. Doch der Lebensabschnitt, in dem sich junge Leute deutlich vom Lebensstil der Älteren abzuheben beginnen, hat gleichzeitig das Zeug dazu, frischen Wind in die Gesellschaft zu bringen. Nur in der Auseinandersetzung mit der älteren Generation entstehen schließlich neuartige Ideen. Insofern ist die Pubertät auch eine für die Gemeinschaft nützliche Kraft. »Die Pubertät ist für die Gesellschaft ein Jungbrunnen«, sagt Kinderarzt Largo im Fortsetzungsbuch *Jugendjahre.* »Für den wichtigen Beitrag, den Jugendliche durch ihre Kreativität und ihr innovatives Potenzial für die Gesellschaft leisten, sollten wir Erwachsene dankbar sein und die Schattenseiten der Pubertät wie Chaos und Risikoverhalten in Kauf nehmen.« Der Unmut über die (vermeintliche oder wirkliche) Untätigkeit der Älteren und das Bewusstsein, selbst noch ein langes Leben vor sich zu haben, sind derzeit zum Beispiel wichtige Triebkräfte für die Klimaschutzbewegung »Fridays for Future«.

»Abnabelung«, so viel ist klar, geschieht in Etappen und beginnt lange vor der Pubertät – die inzwischen Gegenstand zahlreicher Ratgeber ist und deren Bedeutung möglicherweise überschätzt wird. Immerhin ist sie körperlich eindrucksvoll, sodass die Veränderungen kaum zu übersehen sind. Frühere Veränderungen blieben hingegen oft unbemerkt: Man sieht sein Kind Tag für Tag, ist mit Alltagsaufgaben derart beschäftigt, dass man kaum bemerkt, wie es wächst. Nur dass die Schuhe zu klein und die Hosenbeine zu kurz werden, fällt von Zeit zu Zeit auf. Mit der tiefer werdenden Stimme des Sohnes und den weiblicher werdenden Formen der Tochter verhält es sich anders: Sie fallen auf, und sie machen unbestreitbar klar, dass die letzte Etappe im Abnabelungsprozess angebrochen ist. Körperlich und geistig sind die Jugendlichen nun fast so weit, dass sie für sich selbst sorgen können. Die Notwendigkeit der engen Bindung zu den Eltern entfällt nach und nach. »Wenn Kinder in die Pubertät kommen, müssen wir Eltern nicht nur umdenken, sondern auch umfühlen«, schreibt Remo Largo. In der Pubertät löse sich der Jugendliche von den Eltern ab, »ohne dass es ihm selbst weh tut«. Schmerzhaft sei es dagegen oft für die Eltern – wodurch ein Ungleichgewicht im emotionalen Erleben entsteht, eine Asymmetrie.

Aus zwei Gründen ist dieses Ungleichgewicht eventuell heute bedeutsamer als noch vor einigen Jahrzehnten, als die Eltern von heute jung waren und sich abnabelten. Es gibt inzwischen im Allgemeinen weniger Konflikte zwischen den Generationen, wie Studien zeigen. Da Eltern und Kinder ähnliche Anschauungen in Lebens- und Erziehungsfragen haben, werden die Beziehungen in der Regel harmonischer. Umso mehr fällt auf, dass sie anders sind als die zu den Altersgenossen. Zudem dauert heute die Phase länger, in der junge Menschen zwar körperlich »ausgewachsen« und gesellschaftlich mit allen Erwachsenenrechten ausgestattet sind, aber noch nicht fest im Beruf stehen und selbst eine Familie gründen. Zumindest wirtschaftlich sind die meisten noch nicht unabhängig von ihren Eltern, wenn sie deren Haus verlassen. Die neue Nabelschnur stellt dann möglicherweise ein Dauerauftrag bei der Bank dar.

»Ich habe mich von ihnen abgesondert«

Anne Frank, eine Jugendliche im Versteck

»Für mich ist Mutter keine Mutter; ich muss selber meine Mutter sein.« Die 13-Jährige, die das schreibt, denkt und urteilt sehr selbstständig. Doch ihrer geistigen Unabhängigkeit entspricht kein physischer Freiraum: Sie kann sich nicht mit Freunden treffen, nicht zum Sport oder in die Eisdiele und auch nicht zur Schule gehen. Anne Frank lebt in ihrem Versteck in der Amsterdamer Prinzengraacht auf Gedeih und Verderb Tag um Tag mit ihrem Vater (den sie liebt und bewundert), ihrer Mutter (zu der sie ein ambivalentes Verhältnis hat), ihrer älteren Schwester Margot (die ihr zu angepasst, zu sanft und »vernünftig« ist) und einer anderen Familie zusammen. Liest man das berühmte Tagebuch des jungen Mädchens, dann wird auf vielen Seiten greifbar, dass gerade das erzwungene Aufeinander-Hocken der Familie und der Mangel an Beziehungen zu anderen, »frei gewählten« Menschen Vertrautheit erschweren.

Das 2019 erschienene Buch *Liebe Kitty*, dem Anne Franks Romanentwurf auf der Grundlage ihrer Tagebuchaufzeichnungen kurz vor ihrer Deportation im Jahr 1944 zugrunde liegt, zeigt das Talent der jungen Autorin, ihren Gefühlen Ausdruck zu verleihen. Darin erkennen möglicherweise andere, heutige Heranwachsende ihre Gefühle wieder: »Ach, in mir kommen so viele Gedanken auf, wenn ich abends allein bin – und auch am Tag, wenn ich die Menschen ertragen muss, die mir zum Hals raushängen oder die meine Absichten ständig falsch auffassen.« Sie werde »unausgewogen« behandelt, klagt sie, »den einen Tag ist Anne vernünftig und darf alles wissen, und am nächsten muss ich mir wieder anhören, dass Anne nur ein kleines, dummes Ding ist, das von nichts eine Ahnung hat und glaubt, Wunder was aus Büchern gelernt zu haben.«

Doch gab es für die Eingeschlossene eine Alternative? An einem Sonntag, an dem es besonders still war, notierte sie, sie fühle sich »wie ein Singvogel, dem roh die Flügel ausgerissen wurden und der in völliger Dunkelheit an die Gitterstäbe seines engen Käfigs prallt«. Die Erwachsenen in ihrem Umfeld litten ohne Zweifel ebenfalls unter der Isolation. Doch das lebhafte Mädchen in der Pubertät vermisst die Freiheit mit der besonderen Vitalität, dem Lebenshunger

dieser Entwicklungsphase: »Rad fahren, tanzen, pfeifen, in die Welt schauen, mich jung fühlen, wissen, dass ich frei bin, danach sehne ich mich, aber ich darf es nicht zeigen, denn stell Dir vor, wir würden uns alle acht beklagen oder unzufriedene Mienen aufsetzen, wohin würde das führen?«, schrieb sie ihrer fiktiven Brieffreundin Kitty. Anne musste einerseits ein braves, den Eltern gehorchendes kleines Kind bleiben, andererseits stets eine »vernünftige« Person darstellen. Das waren die Voraussetzungen fürs Überleben. Doch mit 13 Jahren hielt sie diese Spannung kaum aus. Mit der Abgeklärtheit einer 15-Jährigen analysierte sie zwei Jahre später ihre temperamentvollen Tagebucheintragungen: »Die Sätze, die zu heftig sind, sind nur Ausdruck von Wut, die ich im normalen Leben mit ein paarmal Aufstampfen hinter verschlossener Tür oder mit Schimpfen hinter Mutters Rücken ausgelebt hätte.«
Dass Anne Frank das Schreiben für sich entdeckte, ist für heutige Leser auch deshalb wertvoll, weil sie uns ein präzises, fast überdeutlich gezeichnetes Bild der Gefühle eines sensiblen Mädchens in der Pubertät hinterlassen hat. Wie wunderbar wäre es gewesen, wenn Anne Frank auch äußerlich hätte flügge werden dürfen!

Mutterblues oder Der Lauf der Dinge

Ben wird flügge. Seine Mutter Silke Burmester leidet darunter. »Während mein Kind ein neues Boot besteigt, ein Boot namens ›Abenteuer‹, bleibe ich am Ufer stehen und kann zusehen, wie es langsam am Horizont verschwindet.« Die Journalistin und Autorin erzählt in ihrem gleichnamigen Buch vom *Mutterblues,* der sie beim Anblick des hochgewachsenen, schmalen 17-Jährigen befällt, der an einem späten Sonntagmorgen in ihrer Küche steht. Und beim Gedanken daran, dass er nicht nur in absehbarer Zeit sein Abitur machen und ausziehen wird – sondern schon jetzt ein eigenes Leben hat. *Mein Kind wird erwachsen, und was werde ich?*, lautet der Untertitel des sehr persönlich gehaltenen Buchs.

Bemerkenswert ist für mich, dass die Frage nach der eigenen Zukunft bei der Mutter des Einzelkindes bereits aufkam, als der Junge in die Pubertät eintrat. Als er begann, das Bad abzuschließen, ungestört telefonieren und abends länger ausgehen zu wollen. Als er aufhörte, ein Kind zu sein. »Die Natur mag Ben mit 14 Jahren für reif halten, sich zu lösen, ich bin es nicht«, konstatiert die Mutter im Rückblick. Sie bekennt erstaunlich offen, wie sehr sie an ihrer Mutterrolle hängt. »Mein Gefühl ist: Hallo, ich bin erst seit 14 Jahren Mutter! Ich habe nicht vor, das aufzugeben!« Sie wolle sich »kümmern können und erste Adresse sein, wenn das Herz schmerzt. Ich möchte Tränen trocknen und Pflaster kleben und mich im Bett dazulegen und an der Zimmerdecke Figuren suchen. Ich möchte auf den Bauch pusten und bunte Sandalen kaufen.«

Besonders vermisst sie den körperlichen Kontakt, das Kuscheln, den Gutenachtkuss, den ihr Sohn mit 16 nicht mehr allabendlich haben wollte. »Ich aber, die ich das Bedürfnis habe, muss sehen, wie ich klarkomme, denn ich kann nichts einfordern. Allenfalls kompensieren.« Die Natur habe verabsäumt, sie auf die Veränderungen vorzubereiten, »einen Entwicklungsprozess für Eltern einzubauen«, kritisiert Burmester. Insofern fühlte sie sich ein Stück weit betrogen. »Es ist am Ende ganz einfach: Mein Sohn ist bereit, ich bin es nicht.« Das mache sie zum »angeschlagenen Muttertier«.

Dabei ist der reflektierten Mutter eines Jugendlichen durchaus bewusst, dass die meisten der schönen gemeinsamen Gewohnheiten, die sie Revue passieren lässt, längst Vergangenheit sind. Was sie beim Gedanken an die Zukunft umtreibt, ist nicht allein die Angst vor weiteren Verlusten. Es ist auch die Trauer darüber, dass viele Verluste schon eingetreten sind. Und eine allgemeinere, lebenserfahrene Trauer darüber, dass das Schöne sich nicht festhalten lässt. Dass die alten Fotoalben, die Videos mit den Kinderszenen und ein noch so minutiös geführtes Kindertagebuch die Baby-, Kleinkind- und Schulkindphase nicht einfangen, sondern allenfalls in Erinnerung rufen können.

Nostalgische Gefühle, melancholische Stimmung, Wehmut: Das sind emotionale Befindlichkeiten, die man nicht wegdiskutieren sollte. Zumindest zeitweilig mögen sie die Szene beherrschen, denn in bestimmten Lebensphasen hat der Verstand nur wenig zu melden – auch bei lebenserfahrenen Eltern. Tröstend ist vielleicht der Gedanke, dass die erwachsenen Kinder schon wenige Jahre später, beim Anschauen alter Fotos und Kinderzeichnungen, selbst von nostalgischen Gefühlen befallen sein werden. Dass also das Leben aller Menschen in Etappen verläuft, die enden.

Wie Menschen diese erleben, ist individuell verschieden. Burmester ist der Meinung, dass nur der Gang durch ein Tal der Tränen es ihr ermöglicht hat, sich schließlich mit der neuen Situation zu arrangieren, vielleicht sogar anzufreunden. Die Wut darüber, dass sich die Zeit nicht anhalten lässt, dass das Kind nicht klein und die eigene Haut nicht faltenfrei bleibt, habe sie erst durchleben müssen, um in der eigenen Entwicklung voranzukommen, um den Eintritt in eine neue Lebensphase akzeptieren zu können.

Andere Mütter und Väter machen diesen »Blues« nicht durch und mögen Burmesters Gefühle als übertrieben empfinden. Sie können sich mit den Etappen der Loslösung besser anfreunden und sie rationaler angehen. Dabei hilft ihnen möglicherweise, dass sie mehr Zeit dafür haben, weil mehrere Kinder nach und nach ausziehen, oder dass sie mit einem Partner zusammen sind, der ähnlich empfindet und mit dem sie sich austauschen können.

Die Kunst des Liebens

Hilfreich sind Gedanken aus Erich Fromms Longseller *Die Kunst des Liebens.* In diesem Buch geht es nämlich keineswegs nur um Paarbeziehungen. Der Tiefenpsychologe widmet ein Kapitel ausdrücklich der »Mutterliebe«. So beschreibt der Autor die enge Bindung, die zwischen einem Erwachsenen und einem Baby entsteht und die im besten Fall dazu führt, dass das Kind beginnt, das Leben zu lieben. Dann überrascht uns Fromm: »Es scheint, dass das Bewundernswerte an der Mutterliebe nicht in ihrer Liebe zum Säugling, sondern in der Liebe zum heranwachsenden Kind liegt.« Die Liebe zum Baby habe zumindest teilweise etwas »Instinktives«, so der Psychoanalytiker. Zugleich finde man in ihr »auch das Element der narzisstischen Liebe«. Denn die Mutter empfinde das kleine Kind noch als Teil ihrer selbst. Ihre »Vernarrtheit« gründe bisweilen auch auf dem Wunsch nach Macht und Besitz. »Das eigentliche Wesen der Mutterliebe liegt darin, für das Heranwachsen des Kindes zu sorgen, und das bedeutet, auch für die Trennung von Mutter und Kind.« Das ist ein grundlegender Unterschied zur Liebe in einer Paarbeziehung. Denn dort hat es eine andere Funktion, »vernarrt« zu sein. Es stellt Nähe her, die zuvor nicht da war: »In der erotischen Liebe vereinigen sich zwei Menschen, die bisher getrennt waren; in der Mutterliebe dagegen werden zwei Menschen, die vorher eins waren, getrennt.« Das muss eine Mutter – ich ergänze: das müssen eine Mutter oder ein Vater – nicht nur akzeptieren, sondern wollen. Für ihr Kind, das kein Kind bleiben kann. Fromm gesteht zu, dass es nicht einfach ist: »Die Mutterliebe für das heranwachsende Kind, die Liebe, die nichts für sich selbst will, ist vielleicht die schwierigste Form der Liebe, die es überhaupt gibt.«

So gesehen wird die Elternliebe erst in der Ablösungsphase auf eine ernsthafte Probe gestellt. Diese Probe sei »die Bereitschaft, die Trennung nicht nur zu ertragen, sondern auch nach der Trennung weiterhin zu lieben«, sagt Fromm. Der Blues stellt sich ein, weil das Kind nicht immer ein Baby bleiben kann.

Vor einigen Jahren hat die französische Schauspielerin Isabelle Huppert, selbst Mutter von drei Kindern, ihre Gedanken in einem Interview mit der Wochenzeitung *Die Zeit* auf den Punkt gebracht. Mit Bezug auf den Film *I'm not a fu**ing princess,* in dem sie eine Fotografin und besitzergreifende Mutter spielt, die erotische Aufnahmen von der eigenen Tochter macht, sagt sie: »Man darf sein Kind nicht wie verrückt lieben. Man muss es mit Verstand lieben.« Eine Liebe, die die Verschmelzung mit dem eigenen Kind wünsche, müsse man bremsen. »Daran muss man wirklich arbeiten, sonst droht die Katastrophe.«

Tanjas Geschichte

Vor einiger Zeit lernte ich die 25-jährige Tanja und ihre Mutter kennen. Tanja wird bald ausziehen. Ihre Mutter ist darüber sehr betrübt. Es geht der 65-Jährigen gesundheitlich nicht gut. Die Tochter hat sich in den letzten Jahren sehr in der Familie engagiert, sie hat viele Aufgaben im Haushalt übernommen, sie ist eine liebe, kommunikative junge Frau. Kein Wunder, dass die Mutter die sanfte Mitbewohnerin nicht verlieren will.

Nun möchte Tanja zu ihrem Freund nach Frankreich ziehen. Seit zwei Jahren ist sie mit ihm zusammen, doch leider bislang nur im Urlaub und an den Wochenenden, wenn sich einer der beiden einen Flug leistet, ob nun nach Paris oder nach Berlin. Das soll sich ändern, und Tanja ist auch bereit, dafür in Frankreich zunächst eine Arbeit anzunehmen, für die sie nicht ausgebildet ist. Zwei Sprachkurse hat sie bereits absolviert. Sie freut sich auf den Alltag mit ihrem Freund.

Sie wird keine Möbel mitnehmen, und vorerst bei den Eltern ihres Freundes einziehen, wo der junge Mann noch wohnt. Also kommen nur die Klamotten mit, die ins Auto passen. Erst wenn sie selbst eine gute Stelle hat, wird sie eine Wohnung suchen, so ist der Plan. Das scheint typisch für Tanja zu sein: Alles ist durchdacht, umsichtig geplant, vernünftig.

Tanjas Mutter hat ihr Kind erst mit 40 Jahren bekommen. Dass die Tochter sie nun verlässt, während sie alt wird und zu kränkeln beginnt, ist schmerzlich. Tanjas Mutter lässt ihre Tochter ihre Unzufriedenheit spüren. Dabei war sie selbst schon mit 16 Jahren zu Hause ausgezogen. Sie kam damals aus einem Land, in dem sie für sich kaum Zukunftschancen sah, nach Deutschland, ins Rheinland, wo ihre ältere Schwester schon lebte und arbeitete.

Problematische Bindungen

Kein Zweifel: Tanjas Mutter muss sich von dem Gedanken an das Zusammenleben mit ihrer Tochter verabschieden. Trotz ihrer engen Bindung muss sie die Tochter gehen lassen. Der Familientherapeut Helm Stierlin unterscheidet in seinem Buch *Eltern und Kinder. Das Drama von Trennung und Versöhnung* drei problematische Arten der Bindung von Eltern an ihre Kinder. Auch wenn es darum geht, sich voneinander zu lösen, spielen sie seiner Ansicht nach eine Rolle.

Bindungsmodus nennt er den Versuch, sich an das Kind zu klammern. Die Eltern brauchen es als Bezugsperson und sind nicht bereit, es »herzugeben«. Möglicherweise finden sie zu Recht, dass das Kind noch zu jung und unerfahren ist, um sich selbstständig zu behaupten. Beide Motive verquicken sich allerdings bis zur Undurchsichtigkeit. Und aus ihnen kann ein Teufelskreis entstehen: Die Eltern machen das Kind klein, weil sie als eigene Daseinsberechtigung ein kleines Kind möchten. Das zeigt sich besonders deutlich, wenn die Gefahr besteht, dass das Kind ausziehen könnte. Vater und Mutter haben sich über einen langen Zeitraum hinweg darauf eingestellt, gebraucht zu werden. Zwanzig Jahre lang standen eigene Bedürfnisse und Termine zurück. Nun haben sie möglicherweise kaum noch Zugang zu ihren eigenen Wünschen und Begabungen. Der Bindungsmodus tritt besonders häufig gegenüber dem jüngsten Kind, dem Nesthäkchen, auf. Eine bedeutende Lebensrolle vom Spielplan nehmen zu müssen, ist traurig. Doch die Bindung zu stark zu betonen, führe schnurstracks in ein »familiäres Ghetto«, gibt Stierlin zu bedenken.

Der zweite problematische Modus ist in seinen Augen der Delegationsmodus. Hier liegen die Dinge anders: Die Eltern lassen ihr Kind schon in jungen Jahren in die weite Welt hinausziehen. Es wird ermutigt, seine Kräfte in der rauen Wirklichkeit zu erproben. Schön und gut. Doch das Motiv der Eltern ist problematisch: Ihr Kind soll dies alles stellvertretend für sie tun, es soll ihre Wünsche realisieren. Es soll an ihrer Stelle »wild und gefährlich leben« oder wunderbar Geige spielen – wobei die Eltern gern etwas vom Applaus für sich abzweigen: Wer hat das Kind schließlich Tag für Tag zum Üben gedrängt?

Oft werden die Wünsche, die die Kinder stellvertretend erfüllen sollen, nicht ausgesprochen. So wünschen Eltern sich von ihrem Kind insgeheim, dass es rebellisch und unangepasst lebt und den offiziellen Regeln zuwiderhandelt. Mit einem solchen nicht eingestandenen Wunsch des Vaters erklärt es sich Stierlin, dass der »verlorene Sohn« in der biblischen Geschichte bei seiner Rückkehr vom Vater mit offenen Armen aufgenommen wurde: Möglicherweise war er »in seinem Ungehorsam in tieferem Sinn gehorsamer als sein wohlgeratener Bruder«. Er habe gemerkt, dass das Leben seines Vaters »schal und ohne Höhepunkte« verlief, und stellvertretend für ihn Abenteuer erlebt.

Immerhin wird der »verlorene Sohn« nach seiner Rückkehr mit offenen Armen empfangen. Im Ausstoßungsmodus hingegen werde der Nachwuchs vorzeitig aus dem Nest geworfen. Denn er hindert die Eltern, sich eigenen Zielen zu widmen. Auf den ersten Blick mag dies als Ausdruck eines liberalen und offenen Erziehungsstils erscheinen. Schließlich trauen die Eltern ihren Kindern etwas zu. Doch sie tun es zu früh, sie zwingen die Heranwachsenden, sich selbst zu »bemuttern« und zu »bevatern«, und treiben sie möglicherweise in die Arme von zweifelhaften Gruppen, etwa von Sekten, in denen sie stellvertretend Nestwärme finden möchten.

Die Klippen der drei problematischen Bindungsmodi umschiffen Eltern also am besten, indem sie ihre eigenen Pläne verfolgen, sodass diese nicht an die Kinder delegiert werden müssen, und indem sie sensibel für die Bedürfnisse der Heranwachsenden nach Nähe und nach Freiheit sind.

Warum die Kinder uns nichts schulden

Die meisten Eltern engagieren sich für ihre Kinder, geben ihnen Nestwärme, kümmern sich um ihre schulische und berufliche Bildung, um ihre Gesundheit. Müssen Kinder ihren Eltern dafür zeitlebens dankbar sein? Mahnt uns der Poesiealbumspruch »Ehre das Mutterherz / Solange es schlägt / Wenn es gebrochen ist / Ist es zu spät« zu Recht, eine moralische Pflicht einzuhalten? Und worin genau besteht sie, wenn die Kinder das Elternhaus verlassen haben?

Diese Pflicht gibt es nicht, sagt die Schweizer Philosophin und Fernsehmoderatorin Barbara Bleisch. »Es ist irrig zu glauben, dass die elterlichen Aufwendungen und Opfer dem Nachwuchs eine Bürde aufhalsen, die dieser, sobald er der Kinderstube entwachsen ist, abzutragen hat, bis er schließlich schuldenfrei durch das Leben gehen kann und frei in der weiteren Gestaltung seiner Familienbande ist.« Bleisch hat ein Buch mit einem programmatischen Titel geschrieben, der vielen hart erscheinen mag: *Warum wir unseren Eltern nichts schulden.* Die Philosophin entwickelt diesen Gedanken in ihrem Buch stringent: Zwar »investieren« Eltern heute oft beträchtliche Energien und viel Geld in ihre Kinder, doch die Kinder haben nicht darum gebeten, und die Fürsorge der Eltern steht ihnen grundsätzlich zu. Es ist die Pflicht der Eltern, sie warm zu kleiden und gut zu ernähren, mit ihnen zu sprechen, ihnen vorzulesen, ihre Geburtstage zu begehen, sie in die Schule zu schicken und vieles mehr.

Kinder kommen nicht mit einer »Erbsünde« auf die Welt, nur weil Eltern mit ihnen neben Freude auch Mühe haben werden. Dankbarkeit kann von ihnen also aus moralphilosophischer Sicht nicht gefordert werden. Wer das tut, gefährdet zudem die Beziehung, wie der Schriftsteller Franz Kafka wusste, der zu seinem Vater zeitlebens ein problematisches Verhältnis hatte. »Die Eltern, die Dankbarkeit von ihren Kindern erwarten (es gibt sogar solche, die sie fordern), sind wie Wucherer, sie riskieren das Kapital, wenn sie nur die Zinsen bekommen«, notierte der Schriftsteller im November 1914 in seinem Tagebuch.

Wenn Dankbarkeit sich als spontanes Gefühl einstellt, ist das wunderbar, doch muss sie nicht immer sprachlichen Ausdruck finden. Und es bedeutet nicht, dass sie den Eltern direkt zugutekommt. Die amerikanische Autorin Nancy Friday erzählt in ihrem Buch *Wie meine Mutter* dazu folgende Geschichte: Eine Adlermutter will während einer Flutkatastrophe ihre drei Jungen in Sicherheit bringen. Sie nimmt den Ältesten in ihre Krallen und hebt in die Lüfte ab. Der verspricht ihr ewige Dankbarkeit. »Lügner«, antwortet die Mutter lakonisch – und lässt das älteste Kind fallen. Genauso ergeht es ihrem mittleren Kind. Das jüngste aber verspricht etwas anderes: »Wenn ich groß bin, werde ich versuchen, meinen Kindern eine ebenso gute Mutter zu sein, wie du es für mich bist.« Das kann die Adlermutter glauben – und rettet das Junge. Nancy Friday kommentiert: »Die Dankbarkeit, die wir unserer Mutter und unserem Vater schulden, richtet sich nach vorne, nicht zurück.« Ein Gedanke, der gut tut, wenn die erwachsenen Kinder sich selten melden oder sich lange bitten lassen, endlich wieder einmal bei den Eltern vorbeizuschauen. Man kann sich in einer solchen Situation probeweise schon einmal ihr liebevolles Verhältnis zum eigenen Nachwuchs vorstellen. Oder auch ihren engagierten Einsatz im Beruf und / oder Ehrenamt.

»Ich bin deswegen nicht in ein tiefes Loch gefallen«

Ein Gespräch mit Milena M., deren Sohn seit einem halben Jahr in einer anderen Stadt studiert, über die Ordnung der Dinge, Wehmut und das Ende der Rushhour des Lebens

»Wir sind nicht nur Mutter und Sohn, wir sind auch gut befreundet«, sagt Milena M. über die Beziehung zu ihrem 19-jährigen Sohn. Seit einem halben Jahr studiert er Informatik und Elektrotechnik in einer 500 Kilometer vom Wohnort der Eltern entfernten Stadt. Am Tag nach unserem Gespräch wird er für zwei Wochen nach Berlin kommen: Semesterferien. Er wird in seinem alten Zimmer schlafen, in dem noch das Hochbett steht, wird sich ein wenig verwöhnen lassen, Zeit mit den Eltern verbringen, aber auch viel mit seinen Freunden unternehmen, die entweder in Berlin geblieben oder auch gerade in der Stadt sind.

Vor einem halben Jahr, kurz vor Beginn des Wintersemesters, haben Milena M. und ihr Mann den Sohn und seine Sachen mit dem Auto in seinen neuen Wohnort gebracht und alles in der Studenten-WG abgeliefert. Hinweg zu dritt, Rückweg zu zweit.

»Uns geht es als Paar ganz gut«, versichert die 49-jährige Germanistin, die in Berlin in einer Botschaft arbeitet. Ihr zehn Jahre älterer Mann ist Bauingenieur und arbeitet vorwiegend von zu Hause aus. Er nahm schon lange vor Einführung der Elternzeit ein halbes Jahr Vaterschaftsurlaub. Damals begann die junge Mutter neun Monate nach der Geburt ihres Sohnes wieder in ihrem Beruf zu arbeiten. Neben dem Papa halfen eine Tagesmutter, die Kita, die Nachmittagsbetreuung nach der Schule und nicht zuletzt die Großeltern: Die Betreuung war Teamwork, der Vater hat beträchtlich dazu beigetragen. »Seit unser Sohn ausgezogen ist, konzentriert er sich mehr auf mich. Ich habe das Gefühl, dass er unter dem Auszug leidet, aber er spricht nicht darüber.«

Milena M. ist beruflich und privat mehr unterwegs als ihr Mann. Dass er nun seine Frau gern öfter um sich hätte, findet sie einerseits schön, »andererseits freue ich mich, wenn er seine Hobbys pflegt«. Den Gedanken, dass es ihr mit der Zweisamkeit auch zu viel werden könnte, äußert die jugendlich und elegant wirkende Frau allenfalls dezent. Es ist ihr wichtig, dass sie in der neuen Situation mit sich im Reinen ist. »Als wir vom Umzug unseres Sohnes zurückkamen, habe ich mir in der Woche danach immer wieder gesagt: Es ist gut, es muss so sein!« Es hat seine Ordnung, dass die Kinder groß werden und ihrer Wege gehen. »Grundsätzlich geht es mir gut. Im Alltag, während der Arbeit, vergesse ich, dass unser Sohn nun nicht mehr zu Hause ist. Ich bin deswegen nicht in ein tiefes Loch gefallen.«

Trotzdem überkommt Milena M. immer wieder etwas Wehmut, zum Beispiel, wenn sie Freundinnen trifft, die jünger sind und »noch in der Rushhour-Phase«. Oder wenn sie mit ihrer Schwester spricht, deren Kinder erst 14 und sieben Jahre alt sind. »Dann habe ich ganz stark das Gefühl: Uns unterscheiden Welten. Die Phase, in der sie jetzt lebt, ist für mich vorbei.« Ihr ist gleichzeitig bewusst, dass es eine stressige Phase ist. Und Milena M. sehnt sich nicht danach zurück, jeden Abend eine warme Mahlzeit auf den Tisch zu bringen und die Schulbrote vorzubereiten. Sie findet es schön, dass sie mit ihrem Mann nun öfter essen geht oder dass beide sich abends mit einem Salat begnügen. Dass es einfacher geworden ist, sich miteinander abzustimmen, weil sie zu zweit sind. Auch dass sie nun Übernachtungsgäste im Jugendzimmer unterbringen können, wo es komfortabler ist als im Wohnzimmer, oder dass sie selbst einmal dort übernachten kann, wenn sie sehr spät nach Hause kommt. Doch die anstrengende, räumlich beengtere Zeit des Zusammenlebens mit ihrem Kind war zugleich die Zeit, in der sie eine junge Frau war. »Diese Zeit ist nun vorbei.«

Milena M. möchte anders mit dieser Empfindung umgehen als ihre eigene Mutter. »Als wir Kinder ausgezogen waren, hatte ich das Gefühl, dass sie depressiv wurde.« Das habe die erwachsenen Kinder belastet. »Selbst heute noch, mit 77 Jahren, sagt meine Mutter immer wieder, wie traurig es ist, wenn die Kinder weggehen.« Nun ist Milena M. selbst in dieser Situation. Die Rolle der Mutter eines Erwachsenen, die Rolle der Frau, die mit ihrem Mann im »leeren Nest« zurückgeblieben ist, ist noch neu. »Aber es ist, wie es sein muss. Und das erste Thema bleibt doch: Geht es dem Kind gut?«

Die Beziehung zu diesem Kind hat sich geändert. »Wenn er jetzt nach Hause kommt, spreche ich mit ihm wie mit einem Erwachsenen, mit einer komplett erwachsenen Person. Unser Umgang ist noch respektvoller geworden.« Mit der Person, mit der es viel Streit gab, als sie 15, 16 Jahre alt war, sodass immer wieder Türen knallten und heftige Bemerkungen fielen, hat der junge Mann inzwischen nicht mehr viel gemein. Auch Milena M.

hat sich verändert, allerdings nicht erst durch den Auszug ihres Sohnes. Deutlich früher, vor zwei Jahren, hatte sie eine Rückenoperation. Es war ein Einschnitt in ihrem Leben. »Danach habe ich mein Leben umgestellt«, erzählt sie. »Ich war mit mir unzufrieden. Also habe ich zehn Kilo abgenommen, habe angefangen, Sport zu treiben, habe alte Freundschaften reaktiviert.« Der Sport und das Sozialleben sorgen seitdem für mehr innere Zufriedenheit. Milena M. hat schon bevor das Nest sich leerte, neue Quellen des Wohlbefindens für sich entdeckt.

»Wir gehen ein Stück weit in Rente, wenn die Kinder ausziehen«

Ein Gespräch mit der Familientherapeutin Bettina Teubert über Selbsthilfegruppen für »Empty Nest Moms«, das Recht, sich auf die Schulter zu klopfen, und die Angst, als Gluckenmutter zu gelten

Bettina Teubert hat einen besonderen Blick auf den Auszug der Kinder aus dem Elternhaus: Sie kennt Hunderte von Frauen, die sich gar nicht gut fühlten, als ihre Kinder ausgezogen sind. Seit vielen Jahren schon bietet die gelernte Krankenschwester, Heilpraktikerin und Kinder- und Jugendlichen-Psychotherapeutin Selbsthilfegruppen für »Empty Nest Moms« an. Für Frauen, die sich, anders als meine Gesprächspartnerin Milena M., für längere Zeit schlecht fühlen, weil die Kinder nicht mehr bei ihnen wohnen. Bettina Teubert trifft nur einen bestimmten Typ von Müttern. An Väter richtet ihr Angebot sich nicht. Das prägt ihre Wahrnehmung: Sie trägt sozusagen eine professionelle Brille, die traurige Mütter in »leeren Nestern« besonders sichtbar macht.

Bettina Teubert spricht allerdings auch aus Erfahrung. Ihr Sohn und ihre Tochter sind schon aus dem Haus, und die Zeit, als die beiden weggingen, war nicht leicht für sie. »Es ist ein natürlicher Prozess, aber in dem Moment fühlt es sich schrecklich an«, sagt die 58-Jährige. Allein die Tatsache, mit anderen Frauen in einer Runde zu sitzen, denen es ähnlich geht, ist ihrer Erfahrung nach heilsam: Man merkt, dass man nicht allein ist mit den traurigen Gedanken und Gefühlen. »Ich möchte den Frauen den Eindruck nehmen, deshalb überkandidelt oder hysterisch zu sein.« In ihren Augen ist es eher merkwürdig, wenn Mütter in dieser Situation nicht traurig sind. »Mir sind Leute suspekt, die jubeln, dass das Kind auszieht, und die schon alle möglichen Pläne für das Zimmer machen, das dann frei wird.« Für Jubel sieht sie keinen Grund, denn ihre Generation, die der Babyboomer der 1950er und 60er Jahre, habe zumeist eine harmonische Beziehung zu den Kindern. Das Zusammenleben sei, anders als sie selbst und ihre Freunde es als Jugendliche im Alltag mit den eigenen Eltern aus der Kriegsgeneration erlebt haben, meist weitgehend konfliktfrei. »Deshalb ist es oft für beide Seiten in Ordnung, wenn die Kinder erst etwas später ausziehen.«

So positiv diese Tendenz sei, Teubert hat eine andere Entwicklung ausgemacht, die ihr Sorgen bereitet: »Heute ist es nicht angesagt, mit Hingabe Mutter zu sein und diese Rolle als erfüllend zu erleben. Darüber sprechen junge Frauen nicht gern, das ist gesellschaftlich vollkommen daneben, wirkt vielleicht sogar etwas unbedarft. Aus diesem Grund sind ältere Frauen vorsichtig, sich zu outen, wenn sie über den Auszug der Kinder traurig sind.« Um nicht als altbackene Gluckenmütter und uninspirierte Heimchen am Herd zu gelten, versteckten diese Frauen das gern hinter anderen, gesellschaftlich eher akzeptierten Problemen, von Hormonschwankungen rund um die Menopause bis hin zu beruflichen Sorgen, meint Teubert.

Und die Väter? Die Frau, die in Berlin Gesprächsgruppen für »Empty Nest Moms« ins Leben gerufen hat, gesteht gern zu, dass auch sie leiden können, wenn das Nest sich leert. Doch sie ist fest davon überzeugt, dass Frauen von der Mutterrolle anders geprägt werden als Männer von der Vaterrolle. »Schon weil die erste Zeit im Leben eines Kindes eine ganz weibliche Zeit ist.« Väter litten deshalb auch anders unter dem Auszug der groß gewordenen Kinder.

»Sie reagieren pragmatischer und sagen ihrer niedergeschlagenen Frau zum Beispiel: Das Kind ist ja nicht tot, es ist nur ausgezogen!« Ob das so stimmt, habe ich im Gespräch mit einigen Vätern hinterfragt (siehe Kapitel vier). Bettina Teubert jedenfalls hat es sich zum Ziel gesetzt, ihren Geschlechtsgenossinnen zu helfen. Männer könnten schließlich eigene Selbsthilfegruppen gründen, in denen ihren Bedürfnissen Rechnung getragen wird, sagt sie resolut.

Was hilft nach ihrer Erfahrung den »verlassenen« (oder sich als verlassen empfindenden) Müttern? »Ich möchte ihnen zuerst einmal vermitteln: Liebe Mütter, erlaubt euch, traurig zu sein!« Man dürfe die Traurigkeit den Kindern auch zeigen – nur dürfe man sie damit nicht versuchen zu erpressen.

Normalerweise könne eine Frau beruhigt sein, weil der Schmerz nach einiger Zeit vergeht. »Nur weil die Kinder ausziehen, kommt keine Frau in eine schwere Depression. In solchen Fällen steckt mehr dahinter.« Was das ist und ob eine Teilnehmerin der Selbsthilfegruppe psychiatrische oder psychotherapeutische Hilfe braucht, versucht sie im Gespräch herauszufinden. »Ich erinnere mich an eine Frau, deren Mann ihr kurz nach dem Auszug des Sohnes eröffnete, er habe schon seit 15 Jahren eine Geliebte, nun erwarte die Freundin ein Kind und er wolle mit ihr zusammenleben. Als der Frau dann noch gekündigt wurde, war sie ganz am Boden. Kein Wunder!« In derartigen Situationen ist guter Rat teuer. Für den üblichen Fall aber, dass »nur« der Auszug eines Kindes zu verkraften ist, hat Bettina Teubert einige Ratschläge parat: Die Frauen sollten sich klarmachen, dass sie nicht vom Kind, sondern von der selbstverständlichen gemeinsamen Zeit Abschied nehmen. Sie sollten sich nun aktiv mit den Kindern verabreden, wie mit anderen erwachsenen Menschen. Allerdings ohne den Kindern ein schlechtes Gewissen zu machen, wenn diese für ein Treffen mal keine Zeit haben. Keiner verbiete den Müttern, an die schöne Familienzeit zurückzudenken und ein wenig stolz zu sein auf die eigene Leistung als Mutter. »Wir sollten uns viel öfter auf die Schulter klopfen.«

Und zu Hause? Wo der Tisch nun meist nur noch für zwei gedeckt wird? »In der Partnerschaft muss man mutig sein, sich zusammensetzen und zum Partner sagen: ›Guten Tag, wer bist du eigentlich? Ich möchte dich kennenlernen!‹ Vielleicht sitzt da ja ein spannender Mensch.« Ein Mensch, den man vor lauter Eltern- und Familiengesprächen und in der jahrelangen Hektik des Alltags nicht mehr außerhalb seiner Rolle als Vater oder Mutter wahrnehmen konnte. »Wenn die Bude leer ist, muss man sich wieder als Paar definieren.« Nun sei Zeit dafür. Das Ergebnis kann auch schmerzlich sein. »Wenn man dann erkennt, dass es nicht geht, muss man sich trennen.« (Mehr dazu im fünften Kapitel.)

Alleinerziehenden Frauen, die nie mit dem Vater ihrer Kinder zusammengelebt oder sich schon früher getrennt haben, empfiehlt Bettina Teubert mutiges Verhalten: »Sie müssen beherzt neue Kontakte knüpfen. Ich gebe ihnen die Aufgabe, die Selbstdisziplin aufzubringen, wieder in die Welt zu gehen. Also sich die Kinokarte vorher zu kaufen, damit sie auch ganz sicher hingehen. Oder sich in der guten alten Volkshochschule anzumelden. Sie müssen feststellen, dass es eine andere Welt jenseits der Kinder gibt. Facebook reicht dafür nicht.« Vielen Frauen helfe es erfahrungsgemäß, wenn sie sich an die Dinge erinnern, die sie früher, vor der Zeit als Familienmutter, gern machten und an die sie nun mit ein wenig Glück anknüpfen können.

Kann man damit nicht schon beginnen, bevor die erwachsenen Kinder ausziehen? Zeichnet sich nicht schon vorher ab, dass sie selbstständig werden, ihre eigenen Termine haben und die Eltern sich dadurch Freiraum zurückerobern können? Zeigt der »Mutterblues« von Autorin Silke Burmester dies nicht deutlich? Durchaus, meint Bettina Teubert, doch der wirkliche Einschnitt komme mit dem Auszug. »Wenn wir realisieren, dass wir gerade Sachen in den Einkaufskorb gelegt haben, die der Sohn gern isst, die aber nun in unserem Haushalt keiner mehr braucht.« Dass wir also an einer Rolle hängen, die wir nicht mehr haben. »Wir gehen damit ein Stück weit in Rente – von der aktiven in die passive Mutterschaft.«

Wer seine Kinder früh bekommen hat und erst Anfang, Mitte 40 ist, wenn sie aus dem Haus gehen, tut sich nach Teuberts Erfahrung leichter mit diesem Einschnitt: Beruflich wie privat haben die Frauen noch viel vor sich. Möglicherweise sind sie aufgrund ihrer eigenen Biografie darauf gefasst, schon früh Großmutter zu werden. »Früher war das ja die Belohnung dafür, dass man die Kinder losgelassen hat.« Heute vergehen, obwohl die Kinder etwas später ausziehen, meist etliche Jahre, bis sie selbst eine Familie gründen. »Wer selbst erst mit Mitte 30 Mutter wurde, ist als Großmutter oft schon 70« – und ging schon auf die 60 zu, als das letzte Kind auszog.

»Wir stellen an dem Punkt fest: Wir sind alt«, sagt Bettina Teubert nüchtern. Auf diese Erkenntnis könne man sich nicht wirklich vorbereiten. »Es ist wie mit dem Tod der alten Eltern: Wir wissen, dass es so kommen wird und dass sie sterben werden, und dann ist es doch ein Schock.« Wenn sich das Nest leert, ist das in ihren Augen ebenfalls ein solcher Einschnitt, einer der Übergänge im Leben, mit denen man zurechtkommen muss. Der Trost: »Es vergeht – man muss halt an sich arbeiten.« Dabei Hilfe in Anspruch zu nehmen, ist nicht ehrenrührig. Im Gegenteil.

»She breaks down and cries to her husband:
Daddy, our baby's gone.«

Aus: »She's Leaving Home«, The Beatles, 1967

Zweites Kapitel

»Empty Nest«. Ein Thema für die Wissenschaft

Vogelkunde, kurz überflogen

»Für Vögel ist ein Nest keine Wohnung«

Ein Gespräch mit der Biologin Caroline Deimel über temporäre Neubauten, das Eindruck-Schinden bei der Brautwerbung und Konflikte zwischen Jung und Alt in der Tierwelt

Wenn wir von Menschenkindern sprechen, benutzen wir gern sprachliche Bilder aus der Vogelwelt: Sie brauchen »Nestwärme«, werden mitunter als »Brut« bezeichnet, und die Jüngsten sind die »Nesthäkchen«. Sofern sie keine »Nesthocker« sind, werden sie eines Tages »flügge«. Dann lassen sie ihre Eltern im »leeren Nest« zurück. Denn sie in einen »goldenen Käfig« zu sperren, empfiehlt sich nicht.

Doch passt die Metapher vom Empty Nest überhaupt? Wie bauen, nutzen und verlassen die Mitglieder von Vogelfamilien diesen Ort? Ein Seitenblick in die Zoologie, Unterabteilung Ornithologie, bietet sich an: einmal wegen der großen Unterschiede, die es zur Aufzucht des menschlichen Nachwuchses gibt, aber auch wegen unserer Verwandtschaft mit anderen Lebewesen. Die alle wie wir das Ziel haben, ihren Nachwuchs möglichst erfolgreich durchzubringen.

»In der Biologie sind der Nestbau und die Aufzucht der Jungen ein umfangreiches Forschungsfeld«, sagt die Biologin und Anthropologin Caroline Deimel. Sie arbeitet am Max-Planck-Institut für Ornithologie Seewiesen. Auf diesem Areal in Oberbayern, idyllisch zwischen Starnberger und Ammersee gelegen, hat Mitte des 20. Jahrhunderts der berühmte Verhaltensforscher und Nobelpreisträger Konrad Lorenz Tiere beobachtet, damals noch im Max-Planck-Institut für Verhaltensphysiologie. Deimel ist Mitglied einer Arbeitsgruppe, die erforscht, in welcher Weise der Körper eines Tieres mit seinen Funktionen an seine jeweilige Umwelt angepasst ist und wie das Tier mit seiner natürlichen Umgebung in Wechselbeziehung tritt. Als Modellorganismus dient die Kohlmeise. Doch einiges, was Caroline Deimel sagt, gilt für alle Vogelarten. Und es ist spannend: »Vögel bauen eine unübertroffene Vielzahl an Nestformen, von den einfachen Kuhlen des Regenpfeifers über Ansammlungen von ein paar Stöckchen bei den Felsentauben bis zu den kunstvollen Nestern der Webervögel und Beutelmeisen.« Die Biologin erzählt von Vögeln wie der Weißnestsalangane, einer Verwandten des Mauerseglers, die ihr Nest ausschließlich mit ihrem Speichel baut. »Großfußhühner dagegen verscharren ihre Eier in eigens zusammengetragenen Bruthügeln oder im Boden über Thermalquellen. Und sie lassen die Eier von der Hitze ausbrüten, die durch Kompostierung oder eine thermale Energiequelle entsteht.« Wie praktisch! Der in Südamerika beheimatete Rosttöpfer hingegen macht sich die Mühe, drei bis fünf Kilogramm schwere Nester aus Lehm und Dung zu bauen.

Doch bei aller Vielfalt der Baumaterialien und Verfahrensweisen gilt: »Das Nest ist für Vögel ausschließlich ein Platz für das Bebrüten der Eier, und bei manchen Arten für die Jungenaufzucht.« Generell diene das Vogelnest dazu, die Temperatur und andere Witterungseinflüsse zu regulieren und einen Schutz der Jungen vor Fressfeinden zu bieten, betont Deimel.

Bei manchen Vogelarten hat das Nest allerdings noch andere Funktionen: Es soll bei der potenziellen Braut Eindruck schinden. »Das Männchen des Sumpfzaunkönigs baut mehrere Nester, die dann von Weibchen inspiziert werden. Wird das Männchen als Partner gewählt, kleidet das Weibchen eines der Nester mit weichem Nistmaterial aus.« Das Nestbauen ist ein Signal an das Weibchen, um es von den Vaterqualitäten des Männchens zu überzeugen. Das Investment soll Gesundheit und Energie anzeigen, nicht zuletzt aber die Bereitschaft, in den Nachwuchs zu investieren. »Die berühmten ›Nester‹ der Laubenvögel sind keine Nester im eigentlichen Sinne, da sie nur der Brautwerbung dienen und nicht zur Brut und Jungenaufzucht genutzt werden«, stellt Caroline Deimel klar.

Aus Fossilfunden weiß man, dass bereits einige Dinosaurier-Arten, deren stammesgeschichtlich nächste lebende Verwandte die Vögel sind, Nester gebaut haben, um Brutpflege zu betreiben. »Nester zu bauen ist in dieser Tiergruppe also ein tief verwurzeltes Verhalten, es hat sich evolutionär bewährt und erfuhr große Verbreitung innerhalb dieser Tiergruppe.«

Moderne Biologen sehen das Verhalten von Tieren generell im Licht der von Charles Darwin und Alfred Russel Wallace formulierten Evolutionstheorie: Welche Merkmale haben dem Individuum unter den jeweiligen Umständen am besten geholfen, seine Gene weiterzugeben? Welche Variationen dieser Merkmale haben ihnen am meisten Nachkommen beschert? »Nichts in der Biologie macht Sinn, außer aus dem Blickwinkel der Evolution«, hat der Evolutionsbiologe Theodosius Dobzhansky im Jahr 1973 formuliert. Dieser Blickwinkel erklärt zugleich, warum es keine Patentlösung für die Aufzucht der Jungen geben kann, an die sich alle Tiere – auch der Mensch – halten müssten. »Je nachdem welche umweltbedingten und stammesgeschichtlichen Einschränkungen eine Art erfährt, sind durch die Mechanismen der Evolution viele unterschiedliche ›Lösungen‹ für dasselbe ›Problem‹ entstanden«, kommentiert die Biologin Deimel.

So gibt es bei den Vögeln Nesthocker und Nestflüchter – auch wenn wir hier von anderen Zeiträumen sprechen als bei den Nachkommen des Homo sapiens. Denn es handelt sich um Tage, nicht um Jahre. »Sogenannte Nesthocker sind noch nicht vollständig entwickelt, sie bleiben nach dem Schlüpfen noch einige Zeit im Nest und werden von den Eltern versorgt, bis sie ausreichend entwickelt sind. Andere Jungtiere sind Nestflüchter, sie sind beim Schlüpfen schon so weit entwickelt, dass sie das Nest nach wenigen Stunden oder Tagen verlassen.« Das heißt nicht, dass die Eltern sich nun gar nicht mehr um sie kümmern: In den Tagen nach dem Ausfliegen werden die Jungen in der Regel für eine Weile von den Eltern gefüttert oder folgen den Eltern, um zu lernen, welche Nahrung wo und wie zu beschaffen ist.

Doch eines steht fest: Das Nest verwenden Vögel nur so lange, wie es für die Jungenaufzucht gebraucht wird. Bei der nächsten Brut wird ein neues Nest gebaut. Das alte wiederzuverwenden, kann gesundheitlich bedenklich sein: »In aufwendigeren Nestern, in denen die Jungvögel normalerweise länger versorgt und aufgezogen werden, sammeln sich eine Menge Parasiten an, wie Flöhe, Milben und Lausfliegen. Eine Weiterverwendung dieser Nester ist deshalb unattraktiv. Auch die Infektionsgefahr durch Krankheiten steigt.« Weil all das negativen Einfluss auf die Überlebenswahrscheinlichkeit und die Gesundheit der Küken hat, setzten sich solche Nester nicht durch – so praktisch sie zunächst erscheinen mögen. Hinzu kommt, dass Nester mit nach Futter schreienden Jungvögeln für Räuber leicht zu finden sind. »Würde man so ein Nest immer an derselben Stelle haben, hätten das eine Krähe, ein Marder, Kojote oder eine Katze schnell gelernt, und es wäre jedes Mal schnell leer geräumt. Daher ist es von Vorteil, das nächste Nest an einem anderen Platz zu bauen – und es nur so kurz wie nötig zu benutzen.«

Allerdings gibt es Ausnahmen, wie der Laie nun einwenden kann: Störche oder Adler, die jedes Jahr denselben Nistplatz benutzen und überbauen. Sie können es sich leisten: »Die Größe dieser Vögel hat den Vorteil, dass sie nicht allzu viele Fressfeinde zu fürchten haben«, erklärt Caroline Deimel. »Andere Vogelarten wie Falken oder Mauersegler bevorzugen zudem schwer zugängliche Fels- oder Gebäudenischen.« Manche Vögel profitieren vom »handwerklichen« Geschick anderer Arten und verwenden deren Nester weiter. »Meisen und Kauze übernehmen verlassene Bruthöhlen von Spechten, die sich jedes Mal eine neue Bruthöhle zimmern. Sie bauen ihr Nest dann einfach über das alte Nest.«

»Wohnungen« im Sinne dauerhafter Behausungen sind Nester ohnehin nicht. »Vögel nutzen verschiedene Versteckmöglichkeiten wie Baumhöhlen und Ritzen. Permanente, über längere Zeiträume bewohnte Behausungen sind in der Tierwelt selten, und mir fallen dazu spontan nur Säugetiere wie der Dachs und staatenbildende Insekten wie Honigbienen und Ameisen ein«, sagt Deimel. Vogeleltern hingegen bauen zumeist für jede Brut neu. »Dabei gibt es zwischen den Arten große Unterschiede, ob beide Eltern oder nur ein Elternteil am Nestbau beteiligt sind. Manche Nester benötigen nur minimalen Aufwand. Auch aufwendigere Nester, wie die der Kohlmeise, sind relativ schnell gebaut. Wenn nötig, in ein bis zwei Tagen.« Und das geht nach Auskunft der Spezialistin so: »Zuerst wird Moos in eine geeignete Nesthöhle in einem Baum oder in einen künstlichen Nistkasten eingetragen und ein schönes Polster damit gemacht. Dann wird in der Mitte eine Kuhle geformt, die mit Tierhaaren oder in der Nähe von menschlichen Behausungen mit Wolle oder Fasern ausgekleidet und isoliert wird.«

Wo und wann das Nest gebaut wird, spielt eine große Rolle. Es sollte vor Feinden und Überflutungen geschützt liegen. Was die Vogeleltern nicht beeinflussen können, ist das Wetter: »Ist es, wie zum Beispiel im Mai 2019, sehr kühl, dann wärmen die Weibchen der Kohlmeise die Jungen, und nur der Vater füttert. Das wirkt sich natürlich auf das Wachstum der Jungen aus, sie wachsen langsamer, brauchen länger bis sie entwickelt genug sind, um auszufliegen, und bleiben kleiner.«

Und welche Merkmale haben gute Vogelmütter und -väter? Die Biologin zögert mit der Antwort: »Gut« könne hier nicht im menschlich-kulturell-moralischen Sinn gemeint sein. Es bemisst sich allein am Erfolg bei der Aufzucht der Jungen. »Bei manchen Arten scheint es so zu sein, dass ältere Vögel ›bessere‹ Eltern sind. Das liegt unter anderem daran, dass ältere Weibchen größere Eier produzieren, aus denen größere Jungtiere schlüpfen, und daran, dass diese Eltern auch besser füttern – weil sie wissen, wo Nahrungsressourcen in ihrem Revier zu finden sind, und besser mit ihrer Umwelt synchronisiert sind. Bei manchen Arten gibt es Hinweise darauf, dass eine gute Koordination der Partner beim Füttern zu einem besseren Bruterfolg führt.« Die Biologin berichtet von Sozialsystemen, bei denen die Jungen der vorhergehenden

Brut, also die älteren Geschwister, als Helfer am Nest bleiben und beim Füttern der nächsten Brut mithelfen. Die Forscherin weist auf »Brutparasiten« wie den Kuckuck hin, die die Brutpflege anderen Vogeleltern überlassen und damit sehr erfolgreich sind.

Vogelfamilien werden von uns Menschen wohl deshalb gern zum Vergleich herangezogen, weil die Elternpaare sich in »vorbildlicher« Art gemeinsam um den Nachwuchs kümmern. Die Forscherin betont, dass viele Arten zwar jahrelang zusammenbleiben und im sozialen Sinn monogam leben, von sexueller Treue aber nicht viel halten. Untreue habe den Vorteil, dass die genetische Vielfalt der Nachkommen erhöht werde.

Bei der Aufzucht des Nachwuchses gibt es gewichtige Unterschiede zwischen Vögeln und Menschen: »Vögel haben nicht nur ein Jungtier pro Fortpflanzungsevent, sondern meist mehrere. Dadurch wird weniger in jedes einzelne Jungtier investiert.« Zudem braucht der Mensch – noch mehr als seine nächsten Verwandten, die Menschenaffen – bekanntlich eine sehr lange Kindheit und Jugend. Er muss unglaublich viel lernen, bis er allein überlebensfähig ist. Die Lernphase von Jungvögeln ist deutlich kürzer.

Ob Vogeleltern von »Gefühlen« bewegt werden, wenn ihr Nachwuchs das Nest verlässt, können Wissenschaftler allenfalls aus ihrem Verhalten schließen. »Generell sieht es so aus, dass Vogeleltern ihren Nachwuchs eher aus dem Nest raushaben wollen, als ihn länger drin zu behalten«, sagt Deimel. »Es gibt zahlreiche Studien, in denen Verhaltensweisen beschrieben werden, die das Ausfliegen der Jungen fördern.« Das ist auch aus evolutionsbiologischer Perspektive sinnvoll. Das Einzige, was zählt, ist die Anzahl der Nachkommen, die man hinterlässt: je mehr, desto besser, da es dabei um die Weitergabe der eigenen Gene geht. Wenn man seine Nachkommen sehr lange versorgt, verhindert dies normalerweise die erneute Fortpflanzung. Vögel, die eine Brut füttern, bauen kein neues Nest und legen keine Eier. »Wenn man jedoch die Anzahl seiner Nachkommen maximieren will, sollte man den goldenen Mittelweg finden, indem man einerseits so viel wie nötig in seinen Nachwuchs investiert, damit dieser gute Überlebens- und Fortpflanzungschancen hat, andererseits aber so wenig wie möglich, da jedes Investment in den Nachwuchs auf Kosten der nachfolgenden Fortpflanzungsmöglichkeiten geht«, gibt die Biologin zu bedenken. Daher sei bei vielen Vögeln zu beobachten, dass sie nach einer gewissen Zeit beginnen, ihre Jungen deutlich weniger zu füttern. »Denn hungrige Jungvögel haben eine größere Motivation, aus dem Nest zu gehen und selbst anzufangen, Nahrung zu suchen.«

Die Jungvögel fänden es vermutlich besser, so viel und so lange wie möglich versorgt zu werden, um schneller und länger zu wachsen und wiederum ihren Fortpflanzungserfolg zu erhöhen. »Solche diametral entgegengesetzten Interessen der Eltern und des Nachwuchses werden aus evolutionsbiologischer Sicht als Parent-Offspring-Conflict bezeichnet und wurden mathematisch beschrieben«, berichtet die Biologin.

Eltern von menschlichen »Nesthockern« mögen sich speziell in diesem Konflikt wiederfinden. Auch andere Einsichten aus der Vogelwelt lassen sich übertragen: etwa dass es zu zweit leichter ist, dem Nachwuchs erfolgreich Schutz und Nahrung zu bieten, oder dass es vernünftig ist, die Aufzuchtmethoden den örtlichen Gegebenheiten anzupassen. Selbstverständlich wird menschliches Verhalten auch von kulturellen Faktoren und sozialen Normen beeinflusst. »Von Vögeln können wir aber etwas über die evolutionsbiologischen Antriebe und Ursprünge bestimmter Verhaltensweisen lernen«, resümiert die Forscherin Caroline Deimel.

Die Psychologie und das »leere Nest«

Wie das Empty-Nest-Syndrom erfunden wurde

Ein Bild aus der Vogelwelt zur Beschreibung eines Stadiums von Menschenfamilien zu entlehnen, war eine US-amerikanische Idee. Das Bild vom leeren Nest soll, auf die Menschenwelt übertragen, einen Mangel beschreiben. Der Weg zur Krankheitsdiagnose ist also nicht weit. Als Syndrom bezeichnen Mediziner ein Bündel von Symptomen, die oft gemeinsam auftreten und auf eine Krankheit hinauslaufen (von griechisch *syn-dromein*, zusammenlaufen). »Unser« Syndrom definiert die Psychologin Dolores Cabic Borland als »maladaptive Antwort auf den nachelterlichen Übergang, die durch Reaktionen auf Verlust stimuliert wird«.

Schnell eroberte der Begriff seit Beginn der 1970er Jahre die US-amerikanische Medizin- und Psychologieszene, obwohl wenige empirische Studien erst später folgten. Böse Zungen behaupten, dass das Syndrom nicht ohne kommerzielle Hintergedanken so populär wurde. Wir sprechen von der Zeit, als Tranquilizer aus der pharmakologischen Gruppe der Benzodiazepine und moderne Antidepressiva ihren Siegeszug antraten. Mit dem 1966 veröffentlichten Song »Mother's Little Helper« spielten die Rolling Stones auf das bekannte Mittel Valium an, das 1963 auf den Markt gekommen und bald das meistverkaufte Medikament war. Millionenfach ohne medizinische Notwendigkeit eingesetzt, tröstete es vor allem amerikanische Hausfrauen und Familienmütter über die Eintönigkeit ihres Daseins, die herrischen Forderungen von Ehemännern und Kindern und später über die Einsamkeit ohne sie hinweg und machten sie alltagstauglich: »And though she's not really ill / There's a little yellow pill / She goes running for the shelter / Of her mother's little helper«, sangen die Stones. Mit der Zeile »Obwohl sie nicht wirklich krank war« übte die Band heftigste Kritik am gesellschaftlichen Trend, Symptome der Überforderung und Unzufriedenheit von Menschen mit Pillen zu bekämpfen.

In den 1970er Jahren äußerte sich die Psychologin Elizabeth Bates Harkins vom Health Care Study Center in Seattle aus wissenschaftlicher Sicht kritisch zum Einsatz von Medikamenten gegen den Seelenzustand von Müttern nach dem Auszug ihrer Kinder. »Ganzseitige Anzeigen in medizinischen Zeitschriften propagierten die Notwendigkeit und die Nützlichkeit der Anwendung von Antidepressiva, um das Syndrom zu bekämpfen«, berichtet sie. In einer Untersuchung aus dem Jahr 1978 bemängelt sie, dass die Studien, die im Auszug der Kinder eine dramatische Gefahr für die Psyche vor allem der Mütter erkennen, allesamt methodische Mängel aufwiesen. So stützten sich einige Studien ausschließlich auf Frauen, die in psychiatrischen Kliniken behandelt wurden. Die Patientinnen lebten also in einer Ausnahmesituation, ihre Lage war nicht mit der Situation der Mehrheit der Mütter von Highschool-Absolventen vergleichbar. Und es ist nicht weiter erstaunlich, dass die meisten wegen Depressionen in die Kliniken aufgenommen worden waren, denn das war und ist die häufigste psychiatrische Diagnose. Dass bei Klinikpatientinnen, deren Kinder gerade ausgezogen waren, wirklich das Empty Nest die Ursache ihrer Beschwerden war, wurde keinesfalls bewiesen.

Harkins machte sich selbst ans Werk, sie befragte systematisch Eltern, deren letztes Kind vor maximal eineinhalb Jahren ausgezogen war, um aufs College zu gehen. Dabei konstatierte sie einen eher vorübergehenden Effekt auf das seelische und keinen Einfluss auf das körperliche Wohlbefinden – und sie warnt vor Übertreibungen, die vor allem die Mütter zu schwachen, hilfebedürftigen und kranken Wesen machten, also zu Opfern der Umstände. Die Psychologin setzt dem kühl und rational entgegen: »Die einzige ernsthafte Bedrohung des Wohlbefindens liegt wohl darin, ein Kind zu haben, das nicht erfolgreich selbstständig wird, wenn dies zu erwarten wäre.«

Auch heute noch werde die Empty-Nest-Situation in den USA »kommerziell aufbereitet«, kritisiert Gerlinde Unverzagt in ihrem Buch *Generation ziemlich beste Freunde*. Eltern, deren Kinder kürzlich ausgezogen sind, seien eine prima Zielgruppe für die Werbung, »weil es sich anfühlt wie Liebeskummer, nur schlimmer«. Schließlich könne man sich »neue« Kinder nicht wie einen Partner suchen. Das fällt vor allem Frauen auf, die, wenn die Kinder flügge werden, oft gleichzeitig daran zu knabbern haben, dass sie nun in die Wechseljahre kommen – was in einigen Fällen mit beträchtlichen körperlichen Symptomen einhergeht.

Die Selbsthilfegruppen-Gründerin Bettina Teubert (siehe Kapitel eins) sieht es allerdings umgekehrt: Sie ist überzeugt, dass oft das »Empty Nest« dahintersteckt und nicht das Klimakterium, wenn Frauen dieser Altersgruppe leiden. Im Einzelfall mag das schwer zu entscheiden sein. Auf jeden Fall ist Skepsis geboten, wenn das Leiden unter dem leeren Nest zum »Syndrom« erhoben und ihm Krankheitswert zugesprochen wird – eine Skepsis, die sich im Übrigen gleichermaßen empfiehlt, wenn die Wechseljahre zwangsläufig zur Krankheit erklärt werden.

Macht man sich auf die Suche nach Forschungen aus der »Frühzeit« des Empty-Nest-Begriffs, ist eine Untersuchung aus dem Jahr 1971 spannend. Die Soziologen Donald Spence und Thomas Lonner von der Universität San Francisco haben für eine Fallstudie, die in der Zeitschrift *The Family Coordinator* veröffentlicht wurde, 27 Frauen zwischen 39 und 57 Jahren ausführlich interviewt. Sie alle waren Mütter, deren jüngstes Kind kürzlich den Highschool-Abschluss gemacht und das Elternhaus verlassen hatte, um ans College zu wechseln. Die Studie ist klein und keineswegs repräsentativ, alle Frauen sind weiß und gehören der Mittelschicht an. Doch charakteristisch für die damalige Zeit ist, dass 24 von ihnen (meist in erster Ehe) verheiratet und 13 von ihnen »Fulltime«-Hausfrauen und -Familienmütter waren und auch die anderen sich als »Zuverdiener« ohne beruflichen Ehrgeiz sahen. Als Ergebnis der ausführlichen Gespräche ist festzuhalten: Alle Frauen waren in der Übergangsphase zu dem neuen Lebensabschnitt mehr oder weniger verunsichert und unglücklich. Ihre Pläne für die bevorstehende Phase waren allenfalls vage, sie reichten von ehrenamtlicher Tätigkeit über die Unterstützung des Ehemannes bis zum Warten auf Enkelkinder. Die interviewten Frauen fanden es richtig, sich bislang vor allem um die Kinder gekümmert zu haben, einige bedauerten, keinen Beruf erlernt zu haben. Die Autoren der Studie mit dem Titel *The »Empty Nest«. A Transition Within Motherhood* konstatierten aufgrund der Befunde ein Defizit in der Erziehung von Frauen. Die amerikanische

Gesellschaft habe sich auf die höhere Lebenserwartung und die gleichzeitige Komprimierung der aktiven Elternphase in der Zwei-Kind-Familie nur unzureichend eingestellt. »Dass Frauen auf die Realität dieser Lebensperiode nicht vorbereitet sind, drängt den Schluss auf, dass die gängigen Modelle, die ihnen für den Familienzyklus zur Verfügung stehen, unangemessen sind. (…) Dieser Situation entspricht die inadäquate Vorbereitung der Männer auf den Ruhestand.« Für beides, so die Autoren, müssten neue Vorbilder und neue Ideen entwickelt werden.

Anders als Elizabeth Bates Harkins sahen Spence und Lonner also durchaus Grund zur Besorgnis. Sie waren überzeugt davon, dass Frauen weniger unter dem Weggang ihrer Kinder (und Männer weniger unter der Berentung) leiden, sobald sich ihnen vielfältigere Lebensperspektiven bieten. Ein bemerkenswerter Ansatz, wenn man das Entstehungsjahr der Studie bedenkt. In ihrem Aufsatz *The Empty Nest Syndrome as a Focus of Depression* formulierte die New Yorker Psychotherapeutin Rose Oliver im Jahr 1977 für die Zeitschrift *Psychotherapy:* »Das Problem ist nicht das leere Nest. Das Problem ist die leere Frau.«

Beides, »Empty Nest« und Ruhestand, wird auch in der neuesten Fassung des US-amerikanischen ärztlichen Diagnose-Manuals IC-D 10 (2019) zusammengedacht: Unter der Ziffer Z10 werden (in der Formulierung der deutschen Fassung) »Anpassungsprobleme an die Übergangsphasen im Lebenszyklus« genannt, und zwar »Anpassung an den Ruhestand (Pensionierung)« und »Empty nest syndrome (Syndrom des leeren Nestes)«.

Loslassen als schmerzlicher Prozess. Tiefenpsychologische Überlegungen

Wenig später als die US-amerikanischen Mediziner und Psychologen begann in der Schweiz die Psychotherapeutin und C.-G.-Jung-Schülerin Verena Kast sich auf individueller Ebene in ihren Therapien mit dem Prozess des Loslösens zu beschäftigen. »Ablöseprozesse von den Kindern können besser gelebt werden, würde man mehr darauf achten und bewusster Abschied nehmen«, schreibt sie in ihrem »Klassiker« *Loslassen und sich selber finden. Die Ablösung von den Kindern* (erstmals erschienen 1991). Kast schildert die Etappen des Trauerprozesses, den Eltern durchlaufen müssen, um wirklich Abschied von der aktiven Familienphase zu nehmen. »Es ist normal«, schreibt sie, »dass Kinder Eltern verlassen, aber auch wenn es normal ist, heißt das nicht, dass es nicht weh tun darf und dass dieser Schmerz nicht ausgedrückt werden darf und soll.« Auch Schuldgefühle der Eltern spielten eine Rolle, die sich nun, wenn es »zu spät« ist, auf Versäumnisse in der Erziehung fokussieren. Statt sich den Kopf zu zermartern mit Gedanken an das eigene erzieherische Ungenügen, solle man konstruktive Erinnerungsarbeit leisten, schlägt Kast vor. »Nur selten wird das Leben mit dem Kind so bedacht, dass erlebbar wird, was ein Kind durch die Jahre hindurch in uns geweckt hat, was wir nicht verloren geben müssen, was in uns weiterlebt, auch wenn das Kind, nun der oder die Adoleszente, nicht mehr mit uns lebt.«

Auch wenn die guten Erinnerungen trösten und aufbauen, bleibe für viele Frauen das Problem bestehen, dass sie ihre zentrale Lebensaufgabe verlieren. Kast stellt uns Gerda vor, eine 48-Jährige, die keinen Beruf erlernt hat und nach dem Auszug ihres Jüngsten in einer tiefen Krise steckt. Sie sieht für sich keine Perspektive, würde einerseits alles tun, um die Kinder bei sich zu behalten, wirft ihnen andererseits Undankbarkeit vor, fühlt sich von ihrem Mann nicht verstanden, rutscht in eine tiefe Depression.

Der zentrale Begriff in Kasts Buch, das zwar mit vielen Fallbeispielen aufwartet, aber im Unterschied zu den oben vorgestellten Studien keine Forschungsergebnisse präsentiert, lautet Identität. Ehemalige Familienmütter müssen sich, wie Kast erläutert, vom »Gemeinschafts-Selbst« zum »individuellen Selbst« zurückbesinnen. Die Psychologin stellt Frauen vor, die ihre Identität bislang vollständig aus ihrer Rolle in der Familie gewonnen haben – und für die es besonders schwer ist, von der Familienphase Abschied zu nehmen. Die Identität, die sich von der Funktion in der Familie ableitet, war zu der Zeit, als Kast das Buch verfasst hat, noch die Identität, die die Gesellschaft für eine Frau als »wünschenswert« hinstellte. Deshalb wird nicht recht deutlich, aus welchen Quellen Frauen schöpfen können, die bislang ausschließlich Familienmütter waren und nun nach einer neuen Rolle, einem erweiterten Selbstbild und neuen erfüllenden Aufgaben suchen.

In den fast 30 Jahren seit Erscheinen von *Loslassen und sich selber finden* hat sich viel – wenn auch nicht alles – verändert. Einige Passagen in Verena Kasts Buch wirken deshalb wie aus einer anderen Zeit. Da ist es gut, dass Kast wenigstens einen Seitenblick auf »berufstätige Mütter« wirft – auf Frauen, die neben der Rolle als Mutter eine zweite Rolle haben, die ihnen mit dem Auszug der Kinder nicht verloren geht. Kast kommt damit einem anderen, möglicherweise tiefer gehenden, auf jeden Fall zeitlosen Motiv für die Trauer beim Auszug der Kinder auf die Spur: Die Eltern verlieren »konkrete Beziehungsmöglichkeiten im kleinen Beziehungsalltag«, die durch Telefongespräche (und heute E-Mails oder WhatsApp-Nachrichten) nicht zu ersetzen sind: Sie verlieren das Leben, das Kinder in die Bude bringen, den Trubel, den Lärm, die Anregungen. »Man kann es drehen, wie man will, man verliert etwas, das einem in der Regel viel bedeutet hat, und die Freiheit, die man nun gewinnt, ist kein vollwertiger Ersatz dafür.«

Auch der Trubel im interessantesten Job der Welt ist anders als der in einem Haushalt mit Heranwachsenden. Kast berichtet von einer Frau, die plötzlich alles an ihrem Ehemann stört – weil er nicht imstande ist, ihr die Vitalität der Kinder zu ersetzen. Und mit dieser Frau passiert etwas, worin sich einige Mütter und Väter heute wiedererkennen: »Sie litt auch mehr als zuvor darunter, dass sie sich nicht mehr als einen so vernünftigen Menschen ansehen konnte wie zuvor. Sie merkte, dass sie immer auch von einander widerstreitenden Gefühlen heimgesucht wurde.« Ein Befund, der in der neueren psychologischen Forschung eine gewichtige Rolle spielt.

Auszug aus dem Elternhaus. Eine empirische Studie

Die gute Nachricht zuerst: Es gibt eine große empirische Studie zum Thema Empty Nest, und sie kommt aus Deutschland. Die Entwicklungspsychologin Christiane Papastefanou, in den 1990er Jahren Mitarbeiterin am Lehrstuhl für Erziehungswissenschaften II der Universität Mannheim, führte gemeinsam mit Studierenden das Forschungsprojekt »Familien in der Ablösephase« durch, einen Querschnittsvergleich von Familien mit Kindern, die noch zu Hause lebten, und Familien, in denen bereits ein Kind ausgezogen war. Wir verdanken diesem Projekt eine Fülle von Daten, neuen Einsichten und nicht zuletzt von Interviewäußerungen der beteiligten Mütter, Väter und »Kinder«.

Doch es gibt zwei gewichtige Einschränkungen: Die Studie *Auszug aus dem Elternhaus. Aufbruch und Ablösung im Erleben von Eltern und Kindern* wurde bereits 1997 veröffentlicht. In der Zwischenzeit mag sich einiges geändert haben. Vor allem aber ist zumindest die Hauptuntersuchung nicht repräsentativ, die beteiligten Familien bilden keineswegs einen Querschnitt der bundesrepublikanischen Bevölkerung. Es handelt sich bei den Teilnehmerinnen und Teilnehmern um ein ausgesprochen »behütetes« Milieu: Alle Eltern sind seit Jahrzehnten verheiratet, alle Familien stammen aus dem Rhein-Neckar-Kreis und aus benachbarten, wirtschaftlich prosperierenden Orten in Hessen und Rheinland-Pfalz, alle Kinder studieren, fast alle werden finanziell von den Eltern unterstützt, nur wenige beziehen Bafög oder müssen sich ihr Studium in nennenswertem Umfang selbst verdienen, die meisten Familien leben im eigenen Einfamilienhaus. Die meisten Mütter haben zwar mittlere Reife oder Abitur, 80 Prozent von ihnen haben eine Berufsausbildung oder ein Studium absolviert, doch nach der Geburt des ersten Kindes haben die meisten Frauen ihre Berufstätigkeit unterbrochen und sind später allenfalls in Teilzeit erwerbstätig gewesen. Zum Zeitpunkt der Befragung war die Hälfte von ihnen berufstätig, die meisten in Teilzeit. Die Kinder waren zu diesem Zeitpunkt im Schnitt 22 Jahre alt.

Dass die Untersuchung keinen repräsentativen Überblick über alle Gesellschaftsschichten bietet, mag als Manko erscheinen. Man sollte allerdings bedenken: Die Bereitschaft, an aufwendigen Befragungsstudien dieser Art teilzunehmen, sinkt rapide, wenn Menschen beruflich und privat unter permanentem Zeitdruck stehen, Sprachschwierigkeiten haben und finanziell nur schwer über die Runden kommen. In einer späteren Teilstudie des Projekts wurden 34 alleinerziehende Mütter und ihre Kinder befragt, ebenso gab es eine Teilstudie an Berufsschülern und eine an jungen Erwachsenen aus anderen Kulturen.

In der Hauptstudie wurden von insgesamt 56 Familien nach Möglichkeit jeweils Mutter und Vater sowie die Kinder befragt. Alle Familien waren zum ersten Mal mit dem Auszug eines Kindes konfrontiert. Insgesamt kamen 162 ausführliche Interviews mit einzelnen Familienmitgliedern heraus. In 16 Familien lebte ein Einzelkind, sodass mit dem ersten gleichzeitig das letzte Kind auszog. 40 Familien hatten ein weiteres Kind, waren durch den Auszug des ersten also mit einer »Pre-Empty Nest«-Situation konfrontiert. Voraussetzung für die Teilnahme an der Studie war, dass der Auszug nicht mehr als zwei Jahre zurücklag und die Kinder zwischen 19 und 27 Jahre alt waren. Die Mütter waren zu Beginn der Untersuchung im Durchschnitt 48, die Väter 51 Jahre alt. Später wurden nach und nach auch Familien befragt, deren anfänglich im Elternhaus lebendes Kind inzwischen ausgezogen war, um neben dem Querschnitts- einen Längsschnittvergleich zu erhalten.

Und die Ergebnisse? Selbstverständlich ist oft von Trennungsschwierigkeiten die Rede. »Es ist nicht leichtgefallen, ihn ziehen zu lassen, das ist ganz klar. Da war Wehmut im Spiel. Ich bin mit der Trennung immer noch nicht fertiggeworden, ich hätte ihn gern da«, gab eine Mutter zu Protokoll, deren Sohn bereits vor zwei Jahren ausgezogen war. »Man vermisst, dass kein Leben mehr in der Bude ist«, sagte eine andere. Einige Kinder vermissten umgekehrt das Gespräch mit den Eltern, andere sprachen von gemischten Gefühlen beim Alleinleben: »Einerseits klasse, andererseits war ich behütet, wollte das auch bleiben, ich hatte Probleme, erwachsen zu werden.«

Doch die meisten gaben an, dass ihnen die räumliche Trennung nicht schwergefallen sei. Einige Eltern genossen die neue Freiheit, eine Mutter empfand den Auszug ihres Sohnes sogar »wie 'ne Erlösung«. Viele Eltern begrüßten es, ihr Leben freier gestalten zu können und Ruhe im Haus zu haben. Positiv wurde angemerkt, dass dadurch alltägliche Reibereien entfielen. Die Generationen kämen sich nach Meinung einiger sogar näher. »Konfrontiert mit den anfallenden Alltagsroutinen des Alleinlebens, können die jungen Erwachsenen ihre Eltern teilweise besser verstehen«, resümierten die Autoren der Studie.

Sie wollten auch wissen, wie sich der Auszug der jungen Leute nach deren eigenem Empfinden auf die »Ablösung« auswirkte. 52,2 Prozent der befragten jungen Erwachsenen empfanden sich als »abgelöst«, 47,8 Prozent noch nicht. »Ablösung ist nicht irgendwas, was man irgendwie erreicht, ist immer mehr oder weniger aktuell«, sagte ein Sohn. Ablösung sei für ihn ein Prozess. Dennoch wurde der Auszug aus dem Elternhaus als markanter Einschnitt betrachtet. »Irgendwo ist die Kindheit dann echt zu Ende«, sagte eine junge Frau. »Man fühlt sich so erwachsen.« »Ich hätte mich wohl nie so entwickelt, wenn ich hiergeblieben wäre. Es war der absolut richtige Schritt«, fand ein junger Mann. Auch die Eltern hatten den Eindruck, dass ihre Kinder nach dem Auszug Fortschritte machten. Wenn sie mit ihrem Alltag zurechtkamen, war das für die Eltern ein Beweis dafür, dass ihre Erziehung zur Selbstständigkeit erfolgreich war. Dennoch gaben einige junge Erwachsene zu: »Wenn ich zu Hause bin, bin ich wieder mehr Kind.«

Die meisten Mütter zeigten sich erfreut über die Möglichkeit, sich mehr als zuvor außerhalb der Familie engagieren, verstärkt ihrem Beruf und ihren Hobbys nachgehen zu können. Eine Minderheit fand es schade, als Mutter »nicht mehr gebraucht« zu werden. 22,2 Prozent der Mütter empfanden den Auszug der Kinder auch deshalb als negativ, weil er sie daran erinnere, dass sie älter werden. Schließlich gab es eine Gruppe von Müttern und Vätern, die aussagten, dem Auszug der Kinder keine oder nur wenig Bedeutung beizumessen. Mit 45,9 Prozent gaben das deutlich mehr Väter als Mütter (20 Prozent) zu Protokoll.

Nach dem Auszug bestehe normalerweise regelmäßiger Kontakt. Die gemeinsame Zeit werde teilweise intensiver genutzt als vor dem Auszug, berichteten die Interviewpartner. Beispielsweise schilderte ein Sohn: »Es kann sich so 'ne Freude aufbauen, die Eltern mal wieder zu sehen. Wenn man vorher die ganze Zeit zusammen war, war das alltäglich, während das jetzt was Besonderes ist, wofür man sich auch ein oder zwei Tage Zeit nimmt.« Vielen Müttern ist die gemeinsame Zeit allerdings zu wenig. Einige wollten ihre Kinder ein wenig verwöhnen, andere wehrten sich gegen Versorgungsaufgaben. »Strukturell verändert sich die Beziehung in Richtung höherer Gleichberechtigung und Partnerschaftlichkeit«, stellten die Autoren fest. Doch einige Eltern distanzierten sich davon, sich und die Kinder als Freunde zu bezeichnen. Auch die Kinder wünschten sich eine Beziehung, in der sie im Ernstfall Rückhalt fänden. »Ich hab nicht vor, das zu testen oder zu beanspruchen, aber es ist latent im Hintergrund«, sagte ein Sohn.

»Gegen das partnerschaftliche Moment spricht auch, dass die Besuchsaktivitäten eindeutig von den Kindern ausgingen, und dass die Eltern sehr viel mehr für ihre Kinder leisten als umgekehrt«, resümierte Papastefanou. Viele Kinder berichteten, dass sie ins Elternhaus zu Besuch kämen, weil sie in ihrer alten Wohngegend Freunde treffen möchten – und so erlebten es auch die meisten Eltern. Die Beziehungen sind also ungleich: Die Älteren legen mehr Wert auf eine enge Beziehung als die Jungen. Doch es gibt Ausnahmen, von denen man als Mutter oder Vater gern hört: Wenn sie in den Heimatort zurückkehren, wollen einige junge

Leute vor allem mit der Familie Kontakt haben. »Ich komme, um meine Eltern zu sehen. Die Wäsche kommt mit«, sagte ein junger Mann.

»Empty-Nest-Syndrom ist keine Diagnose«

Ein Gespräch mit der Psychotherapeutin und Autorin Christiane Wempe über Einschnitte im Erwachsenenleben, Lieblingskinder und zurückbleibende Geschwister

Was Eltern und Kinder in den Interviews der Studie *Auszug aus dem Elternhaus* berichten, klingt nach einem harmonischen, guten Verhältnis zwischen den Generationen. »Meistenteils entspannt«, so sieht die Autorin der Untersuchung die Situation. Die Entwicklungspsychologin, die in den 1990er Jahren an der Uni Mannheim forschte, arbeitet seit einigen Jahren als Psychologische Psychotherapeutin in eigener Praxis in Ludwigshafen, sie heißt inzwischen Christiane Wempe. Wie sieht die Forscherin und Psychotherapeutin das Thema mehr als 20 Jahre später?

In Psychotherapien spiele ihr Forschungsthema heute nur am Rande eine Rolle, meist im Zusammenhang mit Depressionen, berichtet Christiane Wempe. Eine eigene Diagnose sei das »Empty-Nest-Syndrom« keinesfalls. »Der Auszug eines Kindes, der ja zu den ganz normalen Übergängen im Lebenslauf gehört, wird von psychisch gesunden Menschen verkraftet.« Auch die Geburt eines Kindes und der Tod der eigenen Eltern sind für sie solche Einschnitte im Erwachsenenleben. Christiane Wempe möchte sie nicht dramatisieren, auch wenn sie Menschen aus der Bahn werfen können – für eine begrenzte Zeit. »Wir haben aber heute die Tendenz, normale Etappen des Lebens zu pathologisieren«, kritisiert die Psychologin. Ganz anders sehe es aus, wenn die räumliche Trennung sich infolge eines ernsthaften Krachs vollzieht, fügt sie hinzu. Wenn Konflikte dazu führen, dass Kinder Hals über Kopf das Elternhaus verlassen, womöglich den Kontakt ganz abbrechen, könne es den Eltern helfen, die Situation während einer Beratung oder in einer Psychotherapie für sich zu bearbeiten.

Das Gute an der Sache: Fast jeder Erwachsene kann bei diesem Thema auf eigene Erfahrungen zurückgreifen. »Ausgezogen ist man schließlich selbst auch.« In ihrem persönlichen Fall sei das für die Eltern, besonders für die Mutter, schwer gewesen, weil diese als Flüchtling nach dem Zweiten Weltkrieg in die alte Bundesrepublik gekommen war, große Teile der Familie verloren hatte und über kein funktionierendes familiäres Netz mehr verfügte, berichtet Wempe. Frauen späterer Generationen hatten es wahrscheinlich leichter als ihre Mutter, sagt die Entwicklungspsychologin. Und das aus einem zusätzlichen Grund: »Wer einen guten Job hat, kommt mit dem Auszug der Kinder besser klar.«

Papastefanous / Wempes Studie aus dem Jahr 1997 zeigte in dieser Hinsicht keine großen Unterschiede zwischen den befragten Vätern und den Müttern. Dass Männer weniger unter dem Auszug der Kinder leiden, wie vielfach angenommen wird und wie auch »Empty-Nest-Moms«-Gründerin Bettina Teubert meint, kann sie nicht bestätigen. Zwar geben mehr Väter an, der Auszug habe für sie keine große Bedeutung, doch in den der Studie zugrunde liegenden Interviews kommen die Gefühle der Väter deutlich zum Ausdruck. »Männer zeigen ihre Traurigkeit nur oft weniger«, gibt Christiane Wempe zu bedenken.

Als besonders schmerzlich empfinden es Mütter wie Väter ihrer Erfahrung zufolge, wenn das einzige Kind auszieht, vor allem, wenn es eine Tochter ist. Und es komme ein weiterer Punkt zur Sprache, ein Punkt, über den moderne, aufgeklärte und »gerechte« Eltern nicht so gern reden und den sie nicht von sich aus ansprechen würden. »Es kommt darauf an, *wer* auszieht«, sagt die Psychologin. »Wichtig ist, wie gut die Beziehung zu diesem Kind ist.« Besonders schmerzlich sei es für die befragten Eltern gewesen, wenn das »Lieblingskind« auszog. »Das steht sonst nirgendwo in der Literatur, aber wir haben ausdrücklich danach gefragt«, sagt Wempe.

Die Psychologin empfindet es als Manko, dass in der Forschung bisher nicht nach den zu Hause zurückbleibenden Geschwistern gefragt wurde: Wie ist es für sie, wenn ihre Schwester oder ihr Bruder auszieht? Fühlen sie sich im Stich gelassen? Leiden also auch die, die noch »im Nest hocken«? Oder genießen einige womöglich, dass sie nun mehr Aufmerksamkeit und Raum bekommen, ein eigenes Zimmer vielleicht? Fühlen sie sich ermutigt, eigene Zukunftspläne zu schmieden und es den Älteren nachzutun? Stehen sie vielleicht unter Druck, auch bald selbstständig zu werden? Ein wichtiges Feld für die zukünftige Forschung.

»Hungrige« Eltern?

Wer im Beruf ausgefüllt und erfolgreich sei, komme mit dem Auszug der Kinder besser klar, sagt die Psychologin Christiane Wempe. Sie hat die Daten aus der Mannheimer Studie auf ihrer Seite. Wie wir gesehen haben, kamen auch amerikanische Untersuchungen früh zu dieser Einschätzung, die Tiefenpsychologin Verena Kast teilt sie ebenfalls.
Doch die Publizistin Eva Corino, die sich in dem gleichnamigen Buch aus dem Jahr 2018 dezidiert für *Das Nacheinander-Prinzip* ausgesprochen hat, widerspricht. Der Vollständigkeit halber werfen wir einen Blick auf ihre These. Mütter und Väter, die sich nach der Elternzeit beruflich gleich wieder stark engagierten, könnten das bedauern, wenn es zu spät ist, meint Corino. In einem Beitrag für den *Tagesspiegel* schreibt sie, dass das Empty-Nest-Syndrom diese Eltern stark treffen könne: »Und wenn die Kinder flügge werden und aus dem Nest hüpfen, sind die Eltern plötzlich traurig. Weil sie nicht richtig ›satt‹ geworden sind als Mütter oder Väter. Weil sie die Erfahrung, für Kinder zu sorgen, doch gerne mehr ausgekostet hätten.« Corino empfiehlt vor allem Müttern eine längere Pause vom Beruf, um die »Rushhour des Lebens« zu entzerren und das Leben mit

den Kindern zu genießen. Das »Nacheinander-Prinzip« sei die bessere Lösung.

Welche Wahl Mütter und Väter bei der Aufteilung von beruflichen und familiären Pflichten treffen, ist ihre persönliche Entscheidung. Für unser Thema ist jedoch von Bedeutung, ob sie ihre Entscheidung zu dem Zeitpunkt bereuen könnten, wenn die Kinder aus dem Haus gehen. Und da muss man klar sagen: Dass berufstätige Eltern, die rund zwei Jahrzehnte versuchen, Kinder und Karriere unter einen Hut zu bringen, in Sachen Sorge für Kinder »hungrig« bleiben, ist unwahrscheinlich. Der Tag endet schließlich nicht, wenn sie ihre Kinder aus der Kita abholen oder wenn diese aus der Schule kommen, die Eltern verbringen unzählige Abende, Wochenenden und Urlaube mit ihnen. Untersuchungen der Entwicklungspsychologin Lieselotte Ahnert, die zur Tagesbetreuung von Kindern unter drei Jahren forschte, belegen: Wenn Eltern ihre Kinder über weite Strecken des Alltags nicht sehen, sorgen sie zum Ausgleich in der gemeinsamen Freizeit für besonders viel Gemeinsamkeit und ausschließliche Zuwendung. Haushaltspflichten stehen dann eher zurück als bei Müttern und Vätern, die ihre kleinen Kinder ganztags zu Hause betreuen. Berufstätige Eltern bemühen sich in den allermeisten Fällen um familiäre »quality time«.

Corinos These von den »hungrig« gebliebenen berufstätigen Eltern ist also nicht plausibel. Überzeugender wirkt, was empirische Studien aussagen: Eher die »Vollzeitmütter« laufen Gefahr, vom Empty-Nest-Syndrom befallen zu werden. Mütter oder Väter, die sich jahrelang ausschließlich der Familie widmeten, sehen danach oft beruflich für sich keine ganz so rosige Perspektive mehr, haben Schwierigkeiten, im Job wieder Fuß zu fassen. Und sie verlieren die Rolle, die sie möglicherweise als Hauptrolle ihres Lebens betrachten. Das macht es ihnen schwerer, mit dem Auszug der Kinder klarzukommen. Dass es für alle anderen leicht wäre, ist damit nicht gesagt. Ein ganz klein wenig »Appetit auf mehr« bleibt sicher auch bei vielen Müttern und Vätern, die nach dem Auszug ihrer Kinder ein ausgefülltes Leben führen.

Der soziologische Blick auf die Veränderung des Haushalts

Eine Kosten-Nutzen-Rechnung

In der soziologischen Forschung sei der Auszug aus dem Elternhaus bisher meist als Gewinn für die Kinder und als Problem für die Eltern betrachtet worden, sagt Günter Burkart, Familiensoziologe an der Leuphana Universität Lüneburg. Autonomie und Selbstständigkeit auf der einen Seite, auf der anderen traurige, allein gelassene Eltern im leeren Nest. Als Beispiel für Letzteres kann die Untersuchung mit dem – in diesem Fall von einem Song der Beatles inspirierten – Titel »She's leaving home« gelten. Dafür konnten sich Alan Piper von der Uni Flensburg und sein britischer Kollege Ian Jackson auf Daten des deutschen Sozio-oekonomischen Panels (SOEP) stützen. Seit 1984 werden dort Bürgerinnen und Bürger wiederholt zu unterschiedlichen Themenfeldern befragt. Eine Frage gilt jeweils der aktuellen Lebensqualität und Befindlichkeit. Die Autoren brachten die Antworten mit Daten zum Zeitpunkt des Auszugs der Kinder in Beziehung und stellten fest: Das »Empty Nest« hat durchaus Einfluss auf die Zufriedenheit der befragten Mütter und Väter. Sind ihre Kinder in den letzten Monaten ausgezogen, fühlen die Eltern sich samt und sonders etwas schlechter als gleich alte »Pre-Empty-Nesters«. Im Sinne ihrer Forschungsrichtung der »Identity Economics« führen die Autoren dies darauf zurück, dass die emotionalen Kosten des Auszugs der Kinder (Verlust an Aufgaben, Angst vor Vereinsamung) dessen Nutzen (mehr Freiheit, weniger Verantwortung) übersteigen. So erklären sie sich auch, dass Eltern, die kurz vor der Berentung stehen oder arbeitslos sind, deutlich mehr leiden, wenn gleichzeitig die Kinder ausziehen. Auch Verwitwete, Geschiedene und Alleinerziehende leiden der Befragung zufolge stärker unter dem Auszug der Kinder.

Auf jeden Fall sei das »leere Nest« ein ernst zu nehmendes Thema, folgern Piper und Jackson aus den SOEP-Daten, zumindest für eine begrenzte Zeit. Ein spannender Nebenbefund der Untersuchung: Dass heute die Möglichkeiten zur Kommunikation aus der Ferne dank Smartphone und E-Mails deutlich besser sind als 1984, hat den Befragungen zufolge nicht zu einer Verbesserung der Lebensqualität beigetragen. Im Gegenteil: Die Autoren vermuten, dass nach solchen häufigen, aber zumeist flüchtigen Kontakten die Sehnsucht der Eltern eher zunimmt. Man gerät sich kaum aus den Augen, und nicht aus dem Sinn. Als Mutter, der es ebenso ergeht, fragt sich Gerlinde Unverzagt in ihrem Buch *Generation ziemlich beste Freunde,* wie es wohl der Mama von Kolumbus ergangen ist, deren Christoph schließlich von seinen Expeditionen keine Kurznachrichten senden konnte. Wohl besser als den Müttern heute, lässt die Untersuchung von Piper und Jackson vermuten.

Nur vereinzelt ist in der Forschung zaghaft von Chancen der Empty-Nest-Situation für die Eltern die Rede – von der Möglichkeit, sich als Paar neu zu finden und beruflich neu durchzustarten. Möglicherweise war der zweite Aspekt vor einigen Jahrzehnten wichtiger als heute, und das vor allem für Frauen in den alten Bundesländern. Sie trugen die Hauptverantwortung für die Kinder, ihre beruflichen Möglichkeiten waren vor allem dadurch eingeschränkt, dass für Kleinkinder kaum außerhäusliche Betreuung angeboten wurde und der Schulunterricht nur halbtags stattfand. Erst als die Kinder aus dem Haus waren, konnten viele von ihnen wieder in den Beruf einsteigen oder ihre bestehende Berufstätigkeit ausweiten. »Viele Frauen fühlen sich, wenn die Kinder aus dem Haus gehen, freier, genießen die neugewonnene Intimität mit dem Partner und stufen ihre Ehe auf einem so hohen Zufriedenheitsniveau ein, daß manche Forscher sogar vom

›second honeymoon‹ sprechen«, fasst Werner Lachenmaier vom Staatsinstitut für Familienforschung an der Universität Bamberg in dem Forschungsbericht *Das »leere« Nest – Lebenskrise oder »second honeymoon«?* aus dem Jahr 1995 zusammen.

Gewinn an Lebenszeit

Während zu Lebensgefühl und Lebenszufriedenheit von Erwachsenen nach der Phase der aktiven Elternschaft nur wenige soziologische Untersuchungen vorliegen, die noch dazu zu widersprüchlichen Ergebnissen kommen, gibt es zur Entwicklung der Rahmenbedingungen mehr Klarheit. Sie sind denkbar verschieden, wie Werner Lachenmaier in seinem Forschungsbericht betont: »Der soziale Wandel in modernen Gesellschaften, der über Pluralisierung und Individualisierung auch auf Phänomene der Familienbildung und des Familienzyklus wirkt, bringt es mit sich, daß heute nicht mehr alle Menschen in der gleichen Lebensphase mit denselben Entwicklungen in gleicher Weise konfrontiert werden.« Während es in Agrargesellschaften geschriebene und ungeschriebene Regeln zur Übergabe des Bauernhofes von der älteren an die jüngere Generation gegeben habe, stehe heute »die einzelne Familie vor einer jeweils für sie singulären und kaum vorstrukturierten Veränderung, wenn die Kinder sich anschicken, den Haushalt der Eltern zu verlassen«. Auch die Herkunftsfamilie diene in den wenigsten Fällen als Vorbild, da sich in den letzten Jahrzehnten viele Bedingungen, die den Übergang von der aktiven in die passive Elternschaft bestimmen, fundamental verändert haben.

Es beginnt mit dem Timing: Die Lebensphase, in der kein Kind mehr im elterlichen Haushalt lebt, kann mit Mitte 40 beginnen, im Einzelfall aber auch erst, wenn ein Elternteil, meist der »späte Vater«, deutlich über 70 ist. Die Statistik sagt: Wenn Väter oder Mütter 55 Jahre alt sind, haben bei der Hälfte alle Kinder das Haus verlassen. Dass sich dieser Prozess hinzieht, bis sie 65 Jahre alt sind, ist aber keine Seltenheit. Es kam allerdings auch vor der Entwicklung sicherer Verhütungsmethoden vor, denn ihr letztes Kind bekamen kinderreiche Frauen oft erst mit Ende 40. Andere starben weit jünger, im Kindbett. Die Streubreite war in dieser Hinsicht groß. Die durchschnittliche Lebenserwartung, die sich aus zahlreichen Todesfällen in jungen Jahren und der Existenz nur weniger Hochbetagter errechnet, lag über viele Jahrhunderte bei 40 Jahren.

Dies wirkte sich auf die Dauer der Ehen aus. »In der Mitte des 19. Jahrhunderts hatten Paare, wenn sie heirateten, vielleicht noch zwanzig oder dreißig Ehejahre vor sich. Heute sind es zwanzig Jahre mehr«, gibt der Soziologe Günter Burkart zu bedenken. Anders als heute erwartete man früher nicht, dass eine Trennung die Beziehung beenden würde: Man rechnete eher damit, Witwer oder Witwe zu werden. »Um 1900 lebten die Eltern fast die gesamte Ehedauer mit ihren (durchschnittlich vier) Kindern zusammen, danach nur noch wenige Jahre allein: Wenn das letzte Kind das Haus verlassen hatte, war der Tod meist nicht mehr fern«, so der Familiensoziologe. Ehe, das bedeutete fast automatisch auch Familie.

Heute leben Paare nur rund ein Drittel ihrer Ehezeit mit Kindern in einem gemeinsamen Haushalt. »Wenn die Kinder das Haus verlassen haben, dauert die Ehe oft noch zwanzig bis dreißig Jahre an.« Wenn sie dauert. Aber dazu später. Fest steht: Die Empty-Nest-Phase gab es in Zeiten mit vielen Kindern und niedriger Lebenserwartung so gut wie gar nicht, und wenn, dann umfasste sie keinen nennenswerten Zeitraum.

Elternpaare in früheren Jahrhunderten hatten auch eine weit geringere Chance, die Ankunft eines Enkelkindes zu erleben. »Historische Studien zeigen, dass es früher für die Kinder keineswegs normal war, noch eine längere Zeit mit all ihren Großeltern zu verbringen«, sagt Burkart. Märchenbücher bilden auch in diesem Punkt nicht die Realität ab. »Bei den meisten waren, als sie zur Welt kamen, bis etwa zur Mitte des 20. Jahrhunderts die

Großeltern bereits gestorben. Erst danach wurde die Großfamilie zum Normalfall, im Gegensatz zum immer noch verbreiteten Mythos von der Großfamilie früherer Zeiten.«

Allerdings müssen Mütter und Väter auch heute damit rechnen, nicht Großeltern zu werden. Nicht weil sie das Großelternalter nicht erreichen würden, sondern aus einem anderen Grund: Es ist wahrscheinlicher geworden, dass Menschen nicht Eltern werden (wollen), und das kann auch beim eigenen Nachwuchs der Fall sein. Der Anteil kinderloser Erwachsener liegt heute bei mehr als 20 Prozent. Im anderen Fall, wenn die erwachsenen Kinder selbst Kinder planen, ist heute die Phase zwischen dem Auszug der Töchter und Söhne und ihrer Familiengründung oft länger als in früheren Zeiten. Kinder haben ihren Platz später im Lebenslauf. Viele junge Erwachsene möchten zuvor nach einer längeren Ausbildung erst im Beruf Fuß fassen, und sie sammeln mehr Erfahrungen mit Partnerschaften, bis alles passt und sie sich für das erste Kind entscheiden. So warten viele Empty-Nest-Eltern sehnsüchtig auf Enkelkinder. Sie tun das teilweise mit der berechtigten Angst, dass sie bei deren später Ankunft nicht mehr fit genug sind, um Betreuungsaufgaben zu übernehmen. Sie befürchten, dass sie dann schon zu den »alten Alten« und nicht mehr zu den »jungen Alten« gehören. Die Unterscheidung zwischen aktiven »Jung-Rentnern« und zunehmend schwächeren, pflegebedürftigen Hochaltrigen hat sich in der Soziologie angesichts der gestiegenen Lebenserwartung eingebürgert.

Dass die Lebenserwartung weiter ansteigt und heute mehr Menschen ein sehr hohes Alter erreichen, bedeutet aus soziologischer Sicht: Im »Empty Nest« leben Eltern heute länger als je zuvor. »Das Leben in der Kernfamilie nimmt relativ an Dauer ab«, sagt Günter Burkart. »Hingegen verlängert sich relativ die Phase, in der man als Erwachsener mit seinen Eltern in Kontakt steht, wenn auch in der Regel in getrennten Wohnungen.« Immer mehr ältere Erwachsene leben also in »kinderlosen« Haushalten, ohne selbst kinder-(und enkel-)los zu sein. Es lohnt sich, auf diesen

(Dauer-)Zustand vorbereitet zu sein. Soziologen sprechen von »Neolokalität« der Kinder, die als Erwachsene das Haus verlassen, um woanders zu leben, und von der »multilokalen Großfamilie«, deren Mitglieder in verschiedenen Haushalten, eventuell in unterschiedlichen Orten leben. Das stellt Alt und Jung vor neue Herausforderungen: Um sich gegenseitig zu unterstützen oder auch nur, um sich wieder einmal in den Arm zu nehmen, müssen die Mitglieder vieler Familien sich in die Bahn, ins Auto oder in den Flieger setzen.

Andere Zeiten, andere Länder, andere Sitten

Ökonomie und Altenteil

Die Vorstellung, dass Eltern gegen ihre Trauer ankämpfen, dass Mütter womöglich vor Kummer krank werden, wenn ihre erwachsenen Söhne und Töchter das Haus verlassen, hatte, wie wir gesehen haben, in den USA seit den 1960er Jahren Hochkonjunktur. Das »Empty Nest« ist eine Wortschöpfung, die von dort nach Europa kam. Auch der Sachverhalt, den es bezeichnet, ist nicht unbedingt universell. In vielen Gesellschaften, die von Landwirtschaft und Handwerk geprägt waren, leerte sich das »Nest« traditionell nicht: Mindestens ein Kind blieb, es übernahm den Handwerksbetrieb oder den Bauernhof und ging zumeist eine »Sachehe« mit solider materieller Grundlage ein. Denn berufliches und privates Leben waren in vorindustriellen Gesellschaften zumeist nicht getrennt: Wo die Familie lebte, da arbeitete sie auch. Das Haus – griechisch »oikos« – war der Ort der Ökonomie.

Bis zum Zweiten Weltkrieg war es zum Beispiel auf vielen bayerischen Höfen so, dass die Eltern auszogen, wenn eines der Kinder den Hof, also die Verantwortung für die ökonomische Grundlage der Familie, übernahm. Sie bezogen das Altenteil – obwohl sie für unsere Begriffe noch gar nicht so alt waren.

Der Vater im Austragshäusl

Ludwig Thoma und »Der Wittiber«

»Um d'Kathi is schad«, sagen die Leute im Dorf in der Nähe von Dachau, die sich zum Leichenschmaus versammeln. Kathi, die Schormeyerin von Kollbach, ist mit 50 Jahren an einem Lungenleiden verstorben. Sie war eine gute Bäuerin, fleißig und geschickt. »Ein tüchtiges Weib ist die Krone ihres Mannes«, hat der Pfarrer bei der Beerdigung gesagt. Und ihr Mann, der Schormeyer, hat sich in 28 Jahren Ehe so an das Zusammenleben und -wirtschaften gewöhnt, dass er sich nun leer und einsam fühlt.

Dazu kommt ein Problem, das der oberbayerische Schriftsteller und Heimatautor Ludwig Thoma in seinem 1911 erschienenen Roman *Der Wittiber* eindrücklich schildert: Die Kinder des Witwers sind erwachsen. Die 24-jährige Tochter verlässt kurz nach dem Tod der Mutter den Hof. Sie hat einen wohlhabenden Bauernsohn gefunden und heiratet. Ihr Ehemann hat den Hof von den Eltern übernommen, nachdem der Vater einen Schlaganfall erlitt. Auch Schormeyers 27-jähriger Sohn Lenz rechnet damit, den Hof seines Vaters bald zu übernehmen: Dem Schormeyer fehle ja nun die Hausfrau, und 54 Jahre alt sei er auch schon, meint der Sohn, also »auf der Abseite des Lebens angelangt«. Zeit für ihn, ins »Austragshäusl« zu ziehen und dem Sohn (und seiner Frau, die sich unter diesen Umständen bald finden wird) Haus und Hof zu überlassen. So war es früher bei vielen Bauern, nicht nur im Dachauer Land: Die »Alten« wurden zu »Altbauern«, sie gaben die Verantwortung ab, gingen den Jungen, solange sie noch rüstig waren, auf dem Feld und im Stall noch ein wenig zur Hand, wurden dafür mehr oder weniger gut verköstigt und untergebracht. Wenn jemand das »Nest« der Familie verließ, dann die Eltern.

Der Schormeyer aus Kollbach wird recht plötzlich mit dieser Lage konfrontiert. Und er leidet darunter. »Der Gar-nix-mehr

auf mein' Hof« möchte er nicht sein, zum »Faulenzen« fühlt er sich zu jung, will »nur nicht angewiesen sein auf den guten Willen der Kinder«. Die Tragödie nimmt ihren Lauf, als die berechnende Magd des Hauses den einsamen Witwer verführt. Nun haben die Kinder Angst, ihre Ansprüche an eine Stiefmutter zu verlieren. Dem Vater liegt zwar nicht ernsthaft an einer dauerhaften Beziehung zur Magd, doch er kommt durch das Techtelmechtel auf neue Ideen: Er ist noch jung, könnte er nicht eine »resche« und gutsituierte Witwe für sich gewinnen? Doch das schlägt er sich schnell aus dem Kopf: Auch wenn er sich zu jung fühlt zum »Aufhören« auf dem Hof, fühlt er sich doch »zu alt zum Wieder-Heiraten«.
Doch nun behauptet die Magd, in der einzigen gemeinsamen Nacht vom Bauern geschwängert worden zu sein. Er wird in seiner Ratlosigkeit immer herrischer und streitet mit dem erwachsenen Sohn, dem »Bua, der regier'n möcht'«. Es kommt zu Mord und Totschlag: Der Sohn bringt die Magd um, kommt lebenslänglich ins Zuchthaus. Der Hof wird aufgegeben. Der »Wittiber« lebt fortan allein in einem bescheidenen Haus in Dachau und verfällt dem Alkohol.
Eine ausgesprochen lebensnahe, realistische Geschichte.
Und ein Roman, den ich vom Empty-Nest-Syndrom gefährdeten Vätern und Müttern empfehle. Wir können froh sein, dass es uns heute nicht die berufliche Position und die angestammte Wohnung kostet, wenn unsere Kinder erwachsen werden. Und wir können froh sein, dass der »Nesthocker«-Sohn, der nicht ausziehen mag, nicht seine Eltern der Wohnung verweist.

Familiäre Feldforschung

»Respekt und Bildung sind entscheidend«

Ein Gespräch mit der Ethnologin Andrea Noll über ein Forschungsprojekt in Ghana, Investitionen ins Studium der Kinder und Hierarchien innerhalb der Familie

Dass Kinder aus Mittelschichtfamilien in Ghana, zu denen die Hamburger Ethnologin Andrea Noll forscht, schon mit zehn Jahren das Elternhaus verlassen, hat einen gewichtigen Grund: Sie möchten eine höhere Schule besuchen, und die gibt es in ihren Heimatorten nicht. »Die Kinder kommen ganz früh auf Internatsschulen, die nach dem britischen System aufgebaut sind«, berichtet die Forscherin. Sie schrieb ihre Doktorarbeit an den Universitäten Hildesheim und Mainz zu »Bildung und sozialer Differenzierung in südghanaischen Familien« und hatte zuvor ein Jahr lang Feldforschung in Ghana betrieben. Zeitweise lebte sie in den Familien, führte biografische Interviews, erlebte Alltag und Familienfeiern.

Noll interessiert sich dafür, wie sich Familienstrukturen verändern, wenn deren Angehörige über Generationen eine höhere Schule besuchen und später studieren. Und das passierte in der »Gold Coast« im Golf von Guinea, die 1867 britische Kronkolonie wurde und es bis 1957 blieb, schon im 19. Jahrhundert: Missionare verschiedener christlicher Kirchen errichteten Schulen. Und Kindern, die den Missionaren als besonders begabt auffielen, bot sich die Chance, nach der Elementarschule in weiterführende Schulen zu wechseln.

Heute werden viele familiäre Arrangements getroffen, damit die Heranwachsenden diese Chance nutzen können: »Bildung ist in diesen Familien ein zentrales Thema, in sie wird viel investiert.« So übernehmen, wenn die Kinder nicht bei ihren Eltern leben oder im Internat wohnen können, Verwandte Kindspflegschaften, weil sie näher an der Schule wohnen, oder die Kinder zirkulieren in verschiedenen Familien. »Und Onkel übernehmen die Schulgebühren, wenn der Vater eines Kindes gestorben ist.« Wer das gewünschte Studium nicht im Land absolvieren kann oder beruflich keine Perspektive für sich sieht, geht ins Ausland. Auch dafür legt unter Umständen die Familie zusammen.

Im Gegenzug zollen die Jungen den Älteren prinzipiell Respekt, auch aus der Ferne. »Es sind die Kinder, die sich bei den Eltern melden müssen«, sagt die Ethnologin. Die klare Hierarchie bleibe auch bestehen, wenn erwachsene Kinder ihren Studienabschluss in der Tasche haben und zeitweise ins Elternhaus zurückkehren, berichtet Noll. Der Sohn der Familie, in der sie zeitweise lebte, kam vorübergehend in seine Heimatstadt zurück, nachdem er seinen Bachelor gemacht hatte. Bevor er nach England weiterzog, um seinen Master zu machen, war es für den 25-Jährigen selbstverständlich, sich wieder in die häusliche Hierarchie einzufügen und Botengänge und Hausarbeiten für die Eltern zu übernehmen. Darüber zu maulen wäre ihm nicht in den Sinn gekommen.

Ob seine Eltern traurig waren, als er wieder abreiste? Das war zumindest kein Thema, das mit der Ethnologin und zeitweiligen Mitbewohnerin erörtert worden ist. »Und ein Elternpaar, das zu zweit lebt, nachdem die Kinder ausgezogen sind, ist in Ghana so gut wie unbekannt.« Oft haben die Familien mehrere Kinder, und das in größeren Abständen, sodass unter Umständen neben den eigenen Kindern schon Enkel im Haus sind. Die Kinderzahlen seien allerdings ausgesprochen variabel, sagt Noll. Und sie hat auch alleinerziehende Mütter kennengelernt.

Nicht selten werden die Kinder ganz oder zeitweise von Verwandten aufgenommen. Immer wieder helfen Hausangestellte mit, denn die Frauen, die Noll interviewte, sind selbst sehr gut ausgebildet und berufstätig. »Aktiv zu sein ist in dieser Schicht ein großes Ideal, die meisten arbeiten selbst nach dem offiziellen Rentenantritt im Beruf weiter oder suchen sich neue Betätigungsfelder.«

Zudem sind die Familien, die die Ethnologin untersucht hat, ausgesprochen mobil. »Bei einigen haben sich zum Beispiel neue Familiennetzwerke in den USA gebildet, nachdem ein Verwandter dorthin gegangen ist.« Deshalb hat Noll ihre Feldforschung auf New York ausgedehnt, wo ein Mitglied einer von ihr untersuchten Familie als Banker arbeitet. Er war die Anlaufstation für mehrere jüngere Familienmitglieder, die in den USA studieren wollten und zunächst bei ihm wohnen konnten. Der ältere Verwandte, von allen Onkel genannt, hatte früh seine Eltern verloren und war von seinen Tanten großgezogen worden. »Nun wollte er sich dafür bei seiner Familie revanchieren.«

Es ist ohne Zweifel eine zahlenmäßig kleine Schicht, von der Andrea Noll berichtet, ihre Untersuchungen sind alles andere als repräsentativ. Welche Gefühle die Angehörigen dieser Familien beim Abschied von einem Kind, das auf ein Internat ging, bewegten, hat sie zudem nicht untersucht. Was sie erzählt, lässt vermuten, dass Menschen der Bildung und dem beruflichen Fortkommen zuliebe eine beträchtliche Mobilität aufbringen, ohne dass sich häusliche Nester dadurch leeren oder familiäre Bezüge abschwächen. Im Gegenteil: Der »Onkel in Amerika« hat ein neues Nest gebaut, einige Pflegeonkel und -tanten haben in Südghana neue Mitglieder in ihr bestehendes Nest aufgenommen. Insgesamt herrscht eine großzügige Vorstellung davon, wer zur Familie gehört. Dazu kommt, zumindest in dieser Gesellschaftsschicht, eine große Wertschätzung für Bildung und berufliche Chancen.

Philosophie und Lebenskunst

»Zur Lebenskunst gehört die Einsicht, dass Kummer Bestandteil des Lebens ist«

Ein Gespräch mit dem Philosophen, Vater und Buchautor Wilhelm Schmid über die Leere auf dem Gipfel, bedingungslose Liebe und das Schwelgen in der Vergangenheit

»Jeder Bergsteiger empfindet Leere, wenn er auf dem Gipfel angekommen ist«, sagt Wilhelm Schmid. Er spricht aus Erfahrung, denn der gebürtige Bayer hat schon manchen Gipfel erklommen.

Ebenfalls aus Erfahrung weiß er, dass Eltern ein ähnliches Gefühl der Leere, des »gefühlten Nichts«, überkommen kann, wenn ihre Kinder groß werden. Und dass dies oft in der Situation passiert, wenn sie sich doch selbst gratulieren könnten – wie der Bergsteiger am Gipfelkreuz: Sie haben ein wichtiges Ziel erreicht, ihr Kind hat die Schule abgeschlossen, will ein Studium oder eine Berufsausbildung beginnen, packt seine Sachen, um woanders selbstständig zu leben.

Der Vater von vier erwachsenen Kindern kennt die Situation gut. Und als Philosoph, der sich in mehreren Büchern der Lebenskunst widmet, setzt er diese Situation zu anderen Umbrüchen im Leben in Beziehung: Wenn eine Liebe endet, wenn Menschen in den Ruhestand gehen, wenn die alten, zuvor möglicherweise hilfsbedürftigen Eltern sterben. »Die Beobachtung des Lebens zeigt, dass für Menschen Sinn zerbricht, wenn Strukturen entfallen.« Deshalb sei es meist auch besonders bitter, wenn das jüngste von mehreren Kindern das Elternhaus verlässt.

Doch was kann die Philosophie beitragen, um diese Situation zu verstehen und mit ihr fertigzuwerden? Wir sind geneigt, diese Aufgabe an Psychologen und Psychotherapeuten zu delegieren, Philosophen hingegen sehen wir als Gelehrte an, die sich über formale Logik und Fragen der Erkenntnistheorie die Köpfe zerbrechen.

Schmid, der bis zu seinem Ruhestand an der Universität Erfurt als Professor für Philosophie tätig war, macht sich seit Jahrzehnten für die Philosophie als Lebenskunst stark. Er will sie praktisch bedeutsam machen, als Hilfe für ein gutes, gelingendes Leben. Dafür müsse sie allerdings die empirischen Erkenntnisse anderer Wissenschaften zur Kenntnis nehmen und zusammenziehen, fordert er, etwa aus der modernen Hirnforschung, der Psychologie, Soziologie, Ethnologie und Geschichtswissenschaft.

Schmid findet Grundkenntnisse in Entwicklungspsychologie, Pädagogik und Biologie nicht nur für Fachphilosophen, sondern für alle Mütter und Väter wichtig. »Es müsste eigentlich eine Ausbildung zum Eltern-Sein geben«, sagt er. »Mir persönlich hat für das Verständnis der Pubertät die Neurobiologie sehr geholfen.« Er habe dadurch verstanden, dass die Teile des Gehirns, die für Emotionen und spontane Impulse zuständig sind, schneller reifen als der Teil der Großhirnrinde, der für überlegte Entscheidungen wichtig ist. Und das habe einige Verhaltensweisen seiner Sprösslinge erklärt.

Hilfreich sei auch der eine oder andere Blick in die Geschichte: »Früher hat man in Süddeutschland die Kinder Blagen genannt, man hat sie als Plage, als Belastung empfunden.« Die Zeiten waren hart, der Hunger oft groß, die Kinder nicht unbedingt »Wunschkinder«. Dass Kinder *auch* eine Belastung sein können, werde heute von vielen Eltern verdrängt. Zur Lebenskunst gehöre aber die Einsicht, dass negative Erfahrungen wie Ärger und Kummer Bestandteil des Lebens sind – und deshalb den Kindern nicht jeden Stein aus dem Weg zu räumen.

Zurück zu den Grundlagen, die Schmids eigene Disziplin zu bieten hat. »Zunächst geht es in der Philosophie darum, genau wahrzunehmen, selbst hinzuschauen, uns selber und andere zu beobachten« – und das mit etwas Abstand. Etwa möglichst vorurteilsfrei die Beziehungen der Menschen zu betrachten. »Wenn Menschen von Liebe sprechen, kann die körperliche Verschmelzung gemeint sein, aber auch eine Freundschaft, bei der sich Menschen nur von Zeit zu Zeit treffen. Oder wir sehen in anderen Situationen große und kleine Menschen zusammen. Bei genauerem Hinsehen verändern sich diese Beziehungen im Lauf der Zeit. Und wir erkennen, dass Menschen Schwierigkeiten haben können, mit Veränderungen umzugehen.« Beispielsweise wenn die Kinder groß werden. So kommen Fragen auf: Was nehme ich bei mir selbst wahr? Und wie gehen andere mit solchen Veränderungen um?

An diesem Punkt des Gesprächs warnt Schmid eindringlich davor, Wahrnehmungen vorschnell ein Etikett anzuheften. »Vorsicht gegenüber Begriffen! Sie sind von Menschen definiert worden und könnten auch anders aussehen.« Werden Begriffe zum allgemein anerkannten, üblichen Etikett für einen Sachverhalt, dann wird es schwieriger, sie infrage zu stellen. Sie können sich verfestigen, verhärten, unbeschränkte Geltung beanspruchen. Und ist »Empty-Nest-Syndrom« nicht ein solches Etikett geworden?

Mit seiner Kritik an der Etikettierung will Schmid keinesfalls gesagt haben, dass es die dazugehörenden menschlichen Erfahrungen überhaupt nicht gebe. Von der Leere auf dem Gipfel des Berges haben wir schon gesprochen. Was hilft aus der Sicht des Philosophen? »Zunächst einmal ist es gut, wenn wir auf frühere Erfahrungen zurückgreifen können. Dann wissen wir, dass wir auch über diese Krise hinwegkommen werden.« Als immense Hilfe betrachtet der Philosoph zudem »Beziehungen zu Dritten«, besonders zu Freundinnen und Freunden, mit denen man reden kann. Mit denen man auch über das sprechen kann, was im Zusammenleben mit den Kindern so beglückend war, dass man ihm nun nachtrauert.

Den Ratschlag, beherzt nach vorn zu schauen, hält Schmid hingegen nicht für uneingeschränkt hilfreich. Was er dazu sagt, klingt paradox: »Am meisten hilft zunächst einmal, nach hinten zu schauen. In der Vergangenheit zu schwelgen halte ich überhaupt für einen großen Vorteil des Älterwerdens.« Irgendwann, wenn man genug alte Fotoalben angeschaut und sich nostalgischen Gefühlen hingegeben habe, »stellt sich in einem selber die Meinung ein: Jetzt ist es genug! Erst dann ist es Zeit, nach vorn zu schauen.«

Hilfreich sei es auch, nach der Bedeutung der Beziehung zwischen Eltern und Kindern zu fragen, im Sinne der philosophischen Hermeneutik (vom griechischen Wort für auslegen, erklären). Also zu fragen, was sie besonders macht und von anderen Beziehungen unterscheidet. »Einzigartig an dieser Liebe ist ihre Bedingungslosigkeit«, sagt Schmid. So praktizierten Eltern sie auch, »mit extrem wenigen Ausnahmen«. Das Besondere des

Verhältnisses bleibe bestehen, auch wenn die Kinder auf eigenen Füßen stehen.

Was zuverlässig bleiben wird, ist der Platz der Eltern und der Kinder in der Abfolge der Generationen. Für die Eltern gehört zum bitteren Beigeschmack des Ablösungsprozesses ihrer Kinder das Bewusstsein, selbst bald zu den Alten zu gehören – zumal der Auszug der Kinder zeitlich oft mit Krankheit und Tod der eigenen Eltern zusammenfällt. Man selbst fühlt sich noch fit und empfindet sich als mitten im Leben stehend. Gut so, auch für die Kinder, die nun flügge sind, aber noch die eine oder andere Unterstützung brauchen. »Es ist die Leistung der Eltern, zwischen den Kindern und dem Tod zu stehen«, sagt der Philosoph Wilhelm Schmid nüchtern. Der Satz hat es in sich.

»Überall ist man nur da wahrhaftig lebendig,
wo man Neues schafft.«

*Karl Friedrich Schinkel,
preußischer Baumeister*

Drittes Kapitel

Zimmer frei!
Eine Wohnungsbesichtigung

Was aus dem Jugendzimmer werden soll

Ein Zuhause für Erwachsene

»Ich fahre am Wochenende nach Hause«, kündigt mein Freund Reinhard an. Er ist Mitte 50 und besucht seine allein lebende verwitwete Mutter. Im Elternhaus. Sein Jugendzimmer sieht noch fast genauso aus wie zu Schulzeiten: ein Jugendbett, ein an die Wand gedübeltes Holzregal, ein Kleiderschrank. Im Regal, das sich etwas geleert hat, weil er die meisten Bücher mitgenommen hat, stehen noch Musikkassetten, Gesellschaftsspiele und Kinderbücher. Wer das Zimmer betritt, könnte denken, die Zeit sei stehengeblieben. Reinhard denkt noch weiter zurück, an die Zeit, als er mit seiner älteren Schwester in einem Zimmer schlief und die Hausaufgaben am Küchentisch erledigte, weil die Familie noch auf beengtem Raum lebte. Die Zeit, bevor die Eltern das Haus bauten. Später war dann Platz, es gab drei Kinderzimmer. Als die erwachsenen Kinder nach und nach auszogen, sah die Mutter keine Veranlassung, etwas an der Möblierung seines Jugendzimmers zu ändern. Dort ist er nun von Zeit zu Zeit Gast bei seiner Mutter – und bei dem Jugendlichen, der er einmal war.

Sie brauche noch etwas Zeit, um das Zimmer ihrer Tochter anders zu nutzen, wird in einem Beitrag im Wohnressort der *Frankfurter Allgemeinen Zeitung* im November 2017 eine Mutter zitiert, deren Tochter gerade zum Studium weggegangen ist. Noch liegen auf dem Schreibtisch die Hefte und Bücher, die die junge Frau zur Abi-Vorbereitung gebraucht hat. Sie sehe noch »gelebtes Leben von ihr«, freut sich die Mutter. Zugleich stellt sie fest, dass die Tochter inzwischen ein weniger emotionales Verhältnis zu diesem Zimmer hat und sich, wenn sie zu Hause ist, meist im Wohnzimmer oder in der Küche aufhält. Und sie spürt, dass sie in der Wohnung bald etwas umgestalten sollte. Das sei ein Gefühl »wie nach Weihnachten, wenn der Tannenbaum raus muss«.

So empfindet es auch die alleinerziehende Mutter und Professorin Nivedita Prasad, die im ersten Kapitel dieses Buches über den Auszug ihrer einzigen Tochter berichtet: Sie kann ein eigenes Arbeitszimmer zwar gut gebrauchen, benötigt es jedoch nicht so dringend, dass sie nicht noch ein bisschen Zeit verstreichen lassen könnte. Sie möchte ein fast leeres Zimmer vor sich haben, um die Veränderung wirklich zu begreifen. Meine Gesprächspartnerin Maria S., deren Sohn noch zu Hause wohnt, hat derzeit keinen Plan für das Zimmer der Tochter. Maria, die im fünften Kapitel über ihre Patchworkfamilie berichtet, möchte abwarten, bis auch der Sohn auszieht, der zurzeit sein Abi macht. Und sie stellt sich vor, über das »Kinder«-Stockwerk ihres Hauses nachzudenken, wenn beide Kinder ausgezogen sind. In Ruhe, denn sie brauche den Platz eigentlich nicht. Milena M. (erstes Kapitel) wiederum nutzt das Jugendzimmer des Sohnes derzeit als Gästezimmer, sie hat es jedoch (noch) nicht renoviert und umgestaltet. Andere Eltern ziehen in eine kleinere Wohnung, wenn die Kinder nicht mehr bei ihnen leben. Einige Alleinerziehende vermieten ein Zimmer an Studierende im Alter ihrer eigenen Kinder. Und ich kenne eine Mutter, die ihren erwachsenen Kindern das Haus überließ, als sie zu ihrem neuen Partner zog – eine Mutter also, die selbst das Nest räumte.

Für den weitaus üblicheren Fall, dass die Kinder gehen und die Eltern bleiben, findet man auf Websites wie häuslepower.com praktische Tipps für zusätzliche Badezimmer oder die umsichtige Planung der Stromanschlüsse, die es später erleichtern, aus den ehemaligen Kinderzimmern eine Einliegerwohnung zu machen – zum Vermieten oder für den Fall, dass man häusliche Pflege braucht.

Sehr viel näher liegen die Pläne der alleinerziehenden Mutter, die in dem bereits erwähnten *FAZ*-Beitrag berichtet: Sie lebte mit ihrer Tochter in einer kleinen Zweizimmerwohnung und hatte schon vor deren Auszug mit ihr besprochen, dass aus dem Kinderzimmer einmal das Schlafzimmer der Mutter werden soll. Nun ist es so weit, und die Tochter schläft auf der Schlafcouch im Wohnzimmer, wenn sie die Mutter besucht.

Über das Umfrageportal Statista wurden im Jahr 2014 Eltern befragt, wie sie sich die Nutzung der Kinderzimmer nach dem Auszug ihrer Sprösslinge vorstellen – ein Blick in die Zukunft, denn in diesen Familien wohnten die Kinder noch zu Hause. Mehrfachnennungen waren schon deshalb möglich, weil bei vielen beteiligten Erwachsenen zum Zeitpunkt der Befragung mehrere Kinder lebten.

Die meisten Eltern, jeweils 42 Prozent der Väter und Mütter, denken für diesen Fall an ein Gäste- oder Arbeitszimmer. 22 Prozent träumen von einem Hobbyraum, einem Atelier oder einer Werkstatt. Zwölf Prozent der Befragten geben an, nach dem Auszug des ersten Kindes erhalte erst einmal ein Geschwisterkind sein eigenes Zimmer. Zehn Prozent wollen sich nach dem Auszug der Kinder zu Hause einen Fitnessraum einrichten, sechs Prozent träumen von einer Bibliothek (mit acht Prozent etwas mehr Frauen als Männer). Nur zwei Prozent der Befragten können sich vorstellen, das Zimmer unverändert zu lassen, nur ein Prozent hält es für denkbar, es unterzuvermieten. Leider fehlt der Befragung zweiter Teil: So wissen wir nicht, was aus diesen Plänen tatsächlich geworden ist.

»Ich habe den Raum für mich erobert«

Ein Gespräch mit Anke H., Mutter von vier erwachsenen Kindern, über eigene Zimmer und eigene Lebenspläne

»Ich hatte nie ein eigenes Zimmer«, sagt Anke H. Als Kind und Jugendliche teilte sie sich eines mit ihrer Schwester. Schon in der Schulzeit lernte sie ihren späteren Mann kennen. Das junge Paar bekam das erste Kind, da waren beide erst 21. Es folgten drei weitere Töchter.

Drei der vier leben inzwischen nicht mehr in der elterlichen Wohnung. Als die dritte auszog, vor gut einem Jahr, bezog Anke H. mit knapp 50 Jahren ihr erstes eigenes Zimmer. »Ich habe es relativ schnell für mich erobert«, sagt die Leiterin einer

Grundschule in Berlin-Mitte. »Und ich habe es so schön gestaltet, wie ich mir das vorgestellt hatte und wie ich es wollte.« Zwar kann und muss sie auch in ihrer Schule ganztags präsent sein und erledigt viele Schreibtischarbeiten dort, nicht nur die Korrekturen. Aber es war ihr langjähriger Traum, das auch zu Hause tun zu können, in einem Zimmer, in dem sie auch zum Vergnügen lesen, Briefe schreiben und Musik hören kann.

Ein Bett für Besuch gehört ebenfalls zu ihren Vorstellungen vom eigenen Zimmer. Es wird nicht nur für Besuch von Freunden gebraucht, sondern auch, wenn die erwachsenen Kinder kommen. Aus der geräumigen Familienwohnung von früher, in der Platz für sechs Personen war, zog die Familie nämlich in eine etwas kleinere Wohnung um, als die beiden Ältesten aus dem Haus waren.

Bei der Ältesten, die inzwischen 30 ist und ein eigenes Kind hat, ist das schon etliche Jahre her. Die Zweite, die 26 Jahre alt ist, sei »schleichend« ausgezogen, sagt Anke H.: Sie war in der Schulzeit ein Jahr in den USA, nach dem Abi ein Jahr in Neuseeland. Als sie danach ein Studium in Wismar aufnahm, hatte die Familie sich schon daran gewöhnt, die Weltenbummlerin nur sporadisch zu sehen. Inzwischen hat sie ihr Studium abgeschlossen und wohnt mit ihrem Freund in Leipzig. »Dort ist sie angekommen«, sagt die Mutter mit einer Wärme in der Stimme, die auszudrücken scheint: Es geht ihr gut.

Mit einem solchen Gefühl erinnert sie sich auch an die Phase, als die älteren Töchter nicht mehr im Elternhaus lebten und aus der großen Familie eine vierköpfige »Durchschnittsfamilie« geworden war: »Es war eine schöne, andere Zeit, wir haben uns aufeinander eingestellt und es auch genossen, nicht mehr die ganz große Familie zu sein.« Vor etwas mehr als einem Jahr ist die dritte Tochter ausgezogen, deren ehemaliges Zimmer nun die Mutter belegt. Sie studiert in Potsdam und lebt in Brandenburg in einer Wohngemeinschaft, »es zog sie aufs Land zu ihrem Pferd«. Inzwischen hat auch die Jüngste Abitur gemacht. Sie wohnt noch bei den Eltern und bereitet sich mit Praktika auf einen künstlerischen Studiengang vor. Und sie bewirbt sich dafür außerhalb von Berlin. »Es ist ein langsamer Ablösungsprozess«, erzählt Anke H. Schon jetzt ist sie oft wochenlang mit ihrem Mann allein.

Nun steht der kurzzeitige Wiedereinzug der dritten Tochter bevor. »Ihre WG in Brandenburg löst sich auf, sie zieht deshalb zur Überbrückung für zwei Monate wieder zu uns.« Ganz kinderlos wird der Haushalt der H.s schon deshalb so schnell nicht sein, weil die einjährige Enkelin dort ab und zu gehütet wird, die auch bei den Großeltern übernachtet. »Es ist ein Kommen und Gehen«, sagt Anke H. Wenn gleich mehrere Familienmitglieder kommen, rücken die H.s zusammen, »und wir freuen uns darüber«.

Und welche Gefühle bewegen eine vielfache Mutter, wenn die Kinder nach und nach aus dem Haus gehen? Prinzipiell sei sie positiv gestimmt, schon »weil Familie damit nicht zu Ende ist«, sagt die 51-Jährige. Andererseits habe sie das Gefühl, sich auf eine neue Situation einstellen zu müssen. »Die Kinder haben unser Leben geprägt, wir sind ja in unsere erste richtige Wohnung schon mit einem Kind gezogen.« Sie ertappt sich dabei, dass sie den Kühlschrank gern für eine große Familie füllt. Und sie kann sich nicht vorstellen, jemals in eine Wohnung zu ziehen, in die kein großer Esstisch passt. Es sei zu schön, wenn sich alle zu Hause versammeln, oder wenn Freunde kommen. »Das ist ja ein Wunsch von mir und meinem Mann: wieder intensiveren Kontakt zu Freunden zu haben, mit denen wir uns über viele Jahre nur sporadisch treffen konnten.«

Schön findet sie es inzwischen aber auch, morgens das Müsli in der kleinen Essecke in der Küche zu sich zu nehmen. Ganz gemütlich zu zweit. Und vor der Arbeit, die beide den Tag über in Beschlag nimmt. Denn an Rente ist für die beiden jungen Großeltern noch längst nicht zu denken. Im Gegenteil: »Der berufliche Teil hat in den letzten Jahren sehr zugenommen.« Anke H. ist eine Schulleiterin, die ihren Beruf mit Leidenschaft ausübt. Als ihre ersten beiden Töchter schon auf der Welt waren, absolvierte sie

Studium und Referendariat, danach blieb sie einige Jahre lang der wachsenden Familie zuliebe zu Hause und arbeitete von dort aus für Schulbuchverlage – um dann, auch mit Blick auf die beiden jüngeren Kinder, eine Grundschule mit zu gründen, die sie nun schon mehr als zehn Jahre leitet.

Inzwischen wartet kein Kind mehr abends zu Hause, mit dem zu spielen oder zu lernen und für das dringend das Abendessen vorzubereiten wäre. Als Mama, die für ihre Kinder im Alltag aktiv ist, wird Anke H. nicht mehr gebraucht. Sie hat deshalb ein wenig Angst davor, sich vom Beruf auffressen zu lassen. »Die Arbeit sagt nicht Stopp, ich muss selbst überlegen, wie viel Zeit ich für mich selbst brauche« – und für die Beziehung zu ihrem Mann, der beruflich ebenfalls recht eingespannt ist. »Mein Mann und ich müssen uns erst wieder finden«, sagt sie nachdenklich. Sie freut sich auf eine Reise, die beide in den Osterferien nach Thailand bringen wird. »Ein bisschen sind wir in dieser Hinsicht angesteckt von unseren Kindern, die einfach so mit dem Rucksack nach Neuseeland fahren.« Die Eltern werden das Land auf eigene Faust erobern, nicht mit einer Reisegruppe. Und das ist eine bewusste Entscheidung, denn so möchten sie sich auch gegenseitig erleben.

Mit den Kindern haben die H.s viel unternommen, sich aber immer wieder eigene Erwachsenenunternehmungen gegönnt, etwa jahrelang einen Tanzkurs. Sie haben sich immer auch als Paar gehabt. Wenn Anke H. wehmütige Gefühle befallen beim Gedanken daran, dass die Wohnung sich leert, dann hat das nichts mit Angst vor Einsamkeit zu tun. »Ich merke aber, dass das Zusammenleben mit den Kindern eine Gewohnheit war.« Ein Stück weit sei man damit einem Programm gefolgt: »Man studierte nach der Schule, wenn man das als DDR-Bürger durfte, dann kamen die Kinder und der Beruf. Die Anforderungen und Erwartungen kamen von außen.«

Man hat den Eindruck, zu Anke H. haben diese »Anforderungen« gut gepasst, sie hat sie nicht nur bravourös gemeistert, sondern ihnen auch gern entsprochen. Nun ist es Zeit, individuelle Wünsche genauer unter die Lupe zu nehmen. Ihr großer Wunsch ist, eine Zeit lang mit ihrem Mann in einem anderen Land zu leben, in einem Land, in dem man Englisch spricht. Sie weiß noch nicht, wie sich das mit den beruflichen Pflichten vereinbaren lassen könnte. Und sie fragt sich selbstkritisch: »Ist dieser Wunsch so stark, dass ich ihn auch umsetzen werde?« Das beschäftigt sie. »Es ist ja meine Lebenszeit, aus der ich etwas machen möchte.« Generell sei es eine Aufgabe, auch privat »etwas zu finden, was einen ausfüllt«.

»Ich muss dafür arbeiten, dass das Leben meins bleibt und ich mich nicht auffressen lasse. Ich möchte es gestalten können«, sagt sie nachdenklich. Dass die Kinder aus dem Haus gehen, ist für sie weder plötzlich gekommen, noch hat es sie in Verzweiflung gestürzt. »Da ist kein Loch.« Dazu trägt sicher der glückliche Umstand bei, dass die Frau, die so jung Mutter wurde und deren jüngstes Kind noch zu Hause wohnt, nun auch Großmutter ist.

Trotzdem macht es sie manchmal traurig, dass ein Lebensabschnitt zu Ende geht, den sie und ihr Mann gern hatten. »Ich muss mir eingestehen, dass ich jetzt älter werde.« Wer Anke H. erlebt, sieht ein paar graue Haare und sehr viel jugendlichen Schwung. Eine zuversichtliche Frau, die sagt: »Ich bin auch ein gläubiger Mensch. Und ich bin überzeugt davon, dass sich manches ergibt und vieles eröffnet.« Und die im Hinblick auf die aktive Elternphase gelassen sagen kann: »Jetzt sind die Kinder dran.«

Ein Raum für mich allein?

Virginia Woolf und ein »Frauen-Zimmer«

A Room for One's Own (Ein Zimmer für sich allein), lautet der Titel eines berühmten Essays, in dem die englische Schriftstellerin Virginia Woolf (1882–1941) die Beschränkungen beschreibt und anprangert, denen Frauen nicht nur im England ihrer Zeit ausgesetzt waren. In dem Text aus dem

Jahr 1928 geht es im wörtlichen und im übertragenen Sinn um Raum für die Entfaltung. Es ist ein früher feministischer Text, der seit den 1970er Jahren Kultstatus hat.

Frauen sind nicht weniger kreativ als Männer, betont Woolf darin immer wieder – zu ihrer Zeit noch keine mehrheitsfähige Meinung. Leuten, die behaupteten, nie hätte eine Frau Shakespeares Stücke schreiben können, hält die britische Schriftstellerin entgegen: Shakespeares Schwester wäre das wahrscheinlich wirklich nicht geglückt. Sie wäre gescheitert, allerdings nicht aus Mangel an Begabung, sondern weil sie zu viel anderes um die Ohren hatte, weil sie sich um Haushalt und Kinder zu kümmern hatte, weil keiner es ihr zutraute und ihr Bildung, Zeit und Raum gab, um schöpferisch zu arbeiten. In ihrer Zeit müsse das aber doch möglich sein, schreibt die Autorin. Frauen brauchten dafür neben Mut auch Geld und eben ein Zimmer, in dem sie ungestört arbeiten können. Frauen könnten Großes leisten, »wenn wir dem gemeinsamen Wohnzimmer ein bisschen entronnen sind und menschliche Wesen nicht immer nur in ihrer Beziehung zueinander sehen, sondern in Beziehung zur Wirklichkeit«. Kinder aufzuziehen ist Beziehungsarbeit par excellence, man steht ständig in Beziehung zu heranwachsenden Menschen, für die man jahrelang ein großes Maß an Verantwortung trägt. Das absorbiert Kräfte, »kostet« viel Zeit und konkurriert mit vielfältigen Interessen, die in diesen Jahren nicht ausgelebt werden können. Der Auszug der Kinder aus dem Elternhaus bietet so gesehen für Mütter (und Väter) eine Chance, neue »Beziehungen zur Wirklichkeit« einzugehen.

Ein Plädoyer für selbstbewusstes Wohnen

Was Virginia Woolf hier zu bedenken gibt, ist sicher kein Argument gegen gemütliche Couchecken und große Esstische in den heutigen Familienwohnzimmern. Und schon gar nicht dafür, dass diese Gemeinschaftsräume verwaisen, wenn die Kinder das Haus verlassen. Jetzt besteht die Chance, sich in der Wohnung einen Raum für sich allein zu erobern.

Die Berliner Psychotherapeutin Monika Häußermann macht in Therapiegesprächen mit Frauen häufig die Wohnung zum Thema. Aus gutem Grund: Viele Frauen, mit denen sie spricht, haben von dem Zeitpunkt an, wenn sie mit einem Partner zusammenziehen, kein eigenes Zimmer mehr. Die allermeisten kommen ohne aus, sobald sie Mütter werden. Männer hingegen behalten, wenn sie Vater werden, Häußermanns Erfahrung nach etwas häufiger ein Arbeitszimmer oder einen Hobbyraum, eine Möglichkeit, sich aus dem familiären Trubel zurückzuziehen. »Frauen dagegen billigen sich selbst oft keine eigene Entwicklung mehr zu.«

Der Wunsch, ein Zimmer für sich allein zu haben, werde später oft mit dem Wegzug der Kinder verbunden. »Dieses Zimmer soll etwas ganz Besonderes sein, ganz besonders gestaltet werden.« Weil konkrete Vorstellungen fehlten und die Situation noch zu frisch sei, werde der Plan nach dem Auszug des Kindes oft aufgeschoben. »Eine Mutter hat das Zimmer ihrer Tochter vor lauter Verzweiflung ein halbes Jahr nicht betreten.« Häußermann, selbst Mutter zweier erwachsener Töchter, betont: »Es ist zunächst einmal schwer, ein Zimmer zu bewohnen, dort ganz allein für sich zu lesen, Musik zu hören, zu telefonieren.« Es lohne sich allerdings, das zu üben.

Zu den wichtigen Fragen in Sachen Wohnen ohne Kinder gehört auch die, wo die Sachen der Sprösslinge nach deren Auszug Platz finden sollen: Welche Spielsachen dürfen bleiben, wie viel Platz ist dafür in der Wohnung? Was passiert mit den Skiern und dem Snowboard, mit dem Zelt, das der Jugendliche sich angeschafft hatte, mit den Vinylplatten, für die im WG-Zimmer vorerst kein Platz ist? Auch in dieser Hinsicht sollten Eltern ihren Anspruch auf mehr Raum für sich selbstbewusst vertreten. Oft ist es eine Frage der Zeit. Während eines Auslandsaufenthalts oder im Studentenwohnheim haben Sohn oder Tochter wahrscheinlich noch nicht genug Stauraum, um alle ihre Sachen unterzubringen. Da mag Gnade vor Recht ergehen.

»Jetzt könnte mein Freund hier wohnen«

Ein Gespräch mit Heike W. über Kinderzimmer, einen studentischen Jungunternehmer und die Möglichkeit, das »Living apart together« eines Tages aufzugeben

Ein halbes Jahr ist es nun her, dass Linus sein Zimmer im Studentenwohnheim bezogen hat. Nur das Bett, eine eigene Kreation, hat er aus der Wohnung seiner Mutter mitgenommen. Ansonsten wohnt er möbliert. »Und spartanischer, als er es gewöhnt ist«, sagt seine Mutter.

»Sein Zimmer habe ich monatelang nicht angerührt«, versichert Heike W. Ein bisschen übertreibt sie damit, denn zumindest ein Garderobenständer, den es vorher nicht gab, steht dort: Platz für die Mäntel, Jacken und Schals, die gerade nicht gebraucht werden. Ansonsten ist es ein veritables Kinder- und Jugendzimmer mit vielen Büchern und Spielen. Nur vermutlich ein bisschen ordentlicher als zu Linus' Zeit. »Krempel« steht auf einer Kiste mit verschiedenen Einzelteilen. Es ist eine der Kisten, die Linus auf Wunsch seiner Mutter gepackt hat. »Er hatte seine Spielsachen bis zum Schluss in seinem Zimmer«, berichtet sie. »Es ist ihm offenbar schwergefallen, sich von seiner Kindheit zu verabschieden.« Wie zum Beweis für diese Vermutung liegt auf dem Schrank die Schultüte.

Deren Besitzer ist inzwischen auf dem besten Weg, ein erfolgreicher Geschäftsmann zu werden. Gemeinsam mit drei Kommilitonen hat er ein Startup-Unternehmen gegründet. Die jungen Leute haben aus dem Studium heraus gute Ideen entwickelt, wie man die moderne Informatik für praktische Anwendungen in der Medizin und Pflege nutzen kann. Linus ist heute ein junger Erwachsener, der danach strebt, möglichst bald finanziell unabhängig zu sein. Derzeit überlegen er und seine Mitstreiter, welches ihrer Elternhäuser sie als Zweitadresse für die Firma nutzen können. Aus rein logistischen Gründen. Dass Linus jemals wieder wirklich bei ihr einzieht, hält seine Mutter für extrem unwahrscheinlich. »Es ist ein Schritt, den er nicht mehr rückgängig macht.«

Hingegen wäre es durchaus möglich, dass ihr Lebensgefährte sich in absehbarer Zeit entschließt, zu ihr in die ruhige, gemütliche und geräumige Vier-Zimmer-Altbauwohnung zu ziehen. Die beiden sind schon seit zehn Jahren ein Paar und praktizieren das Modell »Living apart together«. Das hat damit zu tun, dass Heike W. Mutter ist. »Wenn mein Freund zu uns gezogen wäre, als Linus in der Pubertät war, wäre das wahrscheinlich nicht gut gegangen«, urteilt sie rückblickend.

Heike W. ist Lehrerin und arbeitet seit Jahren in der Lehrerbildung. Über Kindererziehung macht sie sich schon von Berufs wegen viele Gedanken. Für ihren Freund war es eine neue Erfahrung, zumindest an den Wochenenden mit einem Heranwachsenden zusammenzuleben. Heike W. hat ihren Sohn sicher nicht verhätschelt. »Doch ein Kind kann sich viel erlauben, die Liebe zu ihm ist bedingungslos.« Für einen Erwachsenen, der keine Kinder hat, sei das nicht immer leicht zu verstehen. Dazu kommt, dass der Freund selbst eine attraktive Wohnung in guter Lage hat, die zu verlassen ihm schwergefallen wäre. Das letzte Wort ist in dieser Sache noch nicht gesprochen. »Aber schön wäre es, nicht immer hin- und herfahren zu müssen.«

Linus' Eltern trennten sich, als er sieben war. Seine Mutter ist damals in der gemeinsamen Wohnung geblieben, in der sie heute noch lebt, der Vater hat seine Wohnung ganz in der Nähe gefunden. Es war ihm wichtig, sich weiter um seinen Sohn zu kümmern. So haben die Eltern anfangs das »Wechselmodell« praktiziert: Linus war eine Woche bei Mama, eine Woche bei Papa. Für den Jungen wurde das ständige Umziehen allerdings zunehmend schwierig, was sich auch in körperlichen Beschwerden niederschlug. »Er hatte öfters Bauchschmerzen und wünschte sich schließlich, ganz zu mir zu ziehen.« Der Vater zog mit seiner kleinen »neuen« Familie ein Stück weiter weg. Tageweise und in den Ferien war Linus bei ihm. »Ich habe also schon Erfahrungen mit der zeitweiligen Trennung von meinem Sohn gesammelt«, überlegt Heike W.

Nach dessen Abi waren sie noch häufiger voneinander getrennt: Weil der Vater deutlich näher an der Uni wohnte, lebte Linus von nun an vorwiegend in dessen Haus am Stadtrand. »Ich war traurig, habe aber gespürt, dass er mit der Zeit öfters hier sein würde«, berichtet seine Mutter. Das bewahrheitete sich aus ihrer Sicht auch deshalb, weil es in der neuen Familie des Vaters – Linus hatte inzwischen eine Halbschwester – immer wieder zu Spannungen kam. Eigentlich sollte das Wohnen dort ohnehin eine Übergangslösung sein: Linus plante, zusammen mit Freunden eine WG zu gründen. »Sie haben aber nichts Geeignetes gefunden und das ein bisschen verschleppt.« Erst im fünften Semester klappte es mit einem Platz im Studentenwohnheim. »Der Auszug hat ihm gut getan«, sagt die Mutter. Nicht nur die Konflikte mit dem Vater hätten Linus belastet, sie weiß, dass er Abstand zu beiden Elternhäusern brauchte, auf eigenen Füßen stehen muss. »Ich habe Angst, ihn zu sehr zu bemuttern.« Aber das vertrauensvolle Verhältnis zu ihrem Sohn genießt sie.

Sie selbst, erinnert sich Heike W., sei früh bestrebt gewesen, von zu Hause auszuziehen. »Nach dem Abi wollte ich nichts wie weg. Meine Eltern gehörten noch zur Kriegsgeneration, da war es ein Tabuthema, dass mein Freund bei mir übernachtet.« So schön es ist, dass sich dies geändert hat: Die Gefahr, dass Mütter und Väter sich heute zu sehr als Freunde ihrer erwachsenen Kinder verstehen, sieht Heike W. durchaus.

Und der »Mutterblues« nach dem Auszug des einzigen Sohnes? »Es hat zwei Seiten«, überlegt sie. »Er ist nun weg und er fehlt. Vor allem in der letzten Zeit hat er so viel Fröhlichkeit und eine bestimmte Leichtigkeit verbreitet, das vermisse ich.« Gleichzeitig geht es Heike W. wie vielen Müttern und Vätern: Sie hat nun etwas weniger Arbeit, zum Beispiel mit den Mahlzeiten. Allerdings kocht sie ausgesprochen gern, und das wird sie weiterhin tun, schon weil sie sich sehr für gesunde Ernährung interessiert. Sie muss nur noch lernen, die richtige Menge Lebensmittel einzukaufen. »Es passiert mir seit dem Auszug von Linus öfter, dass der Kühlschrank zu voll oder zu leer ist.« Das ist eine Erfahrung, die sie mit anderen Müttern gemein hat.

In der Wohnung ist nun mehr Platz. Allerdings fehlte dieser Platz Heike W. vorher nicht, und sie nutzt ihn noch nicht wirklich. Aber gewonnene Zeit und gewonnener Raum können gestaltet werden. Heike W. ist in dieser Beziehung neugierig auf sich selbst – und auf ihren Freund.

»Es hat den Anschein, als würde nach
Jahrhunderten, in denen der Vater Autoritäts-
person oder nicht vorhanden war,
ein neuer Begriff entstehen – die ›Vaterliebe‹,
die zum Verwechseln der Mutterliebe ähnelt.«

Elisabeth Badinter, französische Philosophin

Viertes Kapitel

Leiden Männer anders?
Ein Blick auf die Väter

Von Nur-Müttern und neuen Vätern

Bislang haben wir vorwiegend die Sicht von Frauen betrachtet. Auch wenn die Väter in der großen Studie von Christiane Papastefanou (Wempe) ebenfalls Gehör fanden, könnte beim jetzigen Stand der Dinge der Eindruck entstehen, dass vor allem Mütter unter dem »Empty Nest« leiden. So sahen es die amerikanischen Wissenschaftler, die in den 1960er und 70er Jahren als Erste mit diesem Begriff operierten. Sie stellten die Leere in den Mittelpunkt ihrer Überlegungen, die im Leben von Hausfrauen und »Nur-Müttern« entstehe, wenn sie ihre Aufgabe als Managerin der Familie verlieren. Und sie stellten, medizinisch wie psychologisch, eine Nähe zwischen depressiven Verstimmungen wegen des Auszugs der Kinder und emotionalen Schwankungen aufgrund der Wechseljahre her. Tranquilizer sollten helfen. Auch die Tiefenpsychologin Verena Kast sieht das »Loslassen« vor allem als Aufgabe der Mütter an – obwohl sie, das sei ausdrücklich gesagt, in ihrem Buch *Loslassen und sich selber finden* meist von Eltern spricht. In ihren Augen leiden beide Elternteile, Frauen allerdings deutlich mehr: »Ablösungsprobleme sind nicht nur Frauenprobleme, sie sind Menschenprobleme. Da sich aber Frauen in der Regel auf die Beziehung zu ihren Kindern total einlassen, wird auch die Ablösung von diesen Kindern und von diesem Engagement zu einem zentralen Konflikt, der zu Krisen und abschließender Neuorientierung führen kann.«

Doch gilt Kasts Argumentation, nur die Mütter stellten ihr Leben für die Kinder derart radikal um, heute noch? Schließlich lassen sich Väter mehr und mehr auf ihre Kinder ein, nehmen Elternzeit, teilen sich familiäre Aufgaben mit ihren Frauen, wünschen sich, falls es zu einer Trennung kommt, das »Wechselmodell«, in dem Kinder zu gleichen Teilen bei Vater und Mutter leben. Und man kann hoffen, dass dieser Trend sich fortsetzen wird.

Zeit für die Frage: Welche brauchbaren Hinweise gibt uns die Forschung zu Vätern und ihren Gefühlen beim Auszug der Kinder aus dem Elternhaus? Und was sagen die Väter selbst?

»Viele Väter werden von ihren Gefühlen überrascht«

Ein Gespräch mit der Entwicklungspsychologin Pasqualina Perrig-Chiello über plötzliche Verluste, Fußball, WhatsApp-Nachrichten und heilsame Männerfreundschaften

In ihren Untersuchungen zu Männern und Frauen im mittleren Lebensalter haben die Entwicklungspsychologin Pasqualina Perrig-Chiello und ihre Arbeitsgruppe an der Universität Bern herausgefunden, dass auch Väter den Auszug ihrer Kinder als problematisch empfinden: Sie nennt deren Gefühle sogar »ambivalenter und tendenziell negativer« als die der Mütter. Wie kommt das? Auch die Forscherinnen und Forscher staunten über die Ergebnisse der individuellen Interviews und der Selbsteinschätzungen auf vorgegebenen Skalen.

»Man erwartete ja aufgrund früherer Studien, dass Frauen mehr leiden. Dieses Vorurteil war da«, stellt die Psychologin fest. Doch zumindest für Frauen, die berufsorientiert sind, sei der Schritt der Trennung meist leichter als für Männer. »Natürlich vermissen sie die Kinder ebenso, aber bestenfalls können sie auch die neu gewonnenen Freiheiten genießen«, sagt Perrig-Chiello, die selbst Mutter zweier erwachsener Söhne ist, über ihre Geschlechtsgenossinnen.

Für die meisten Männer der Generation, die heute mit dem »Empty Nest« konfrontiert ist, sehe das anders aus: Weil an Kinderbetreuung und Hausarbeit in dieser Generation (noch?) nicht beide Elternteile gleichermaßen beteiligt sind, ist beim Auszug der Kinder auch der Zugewinn an Freiräumen ungleich verteilt: Meist sind es die Mütter, die sich entlastet fühlen, weil sie weniger waschen, einkaufen und kochen müssen als bisher und weil Hausaufgabenhilfe und Chauffeurdienste wegfallen. Diejenigen

Väter, die diese Aufgaben nie oder zumindest deutlich seltener übernommen haben, fühlen nur Trauer, keine Entlastung.

Noch dazu werden sie von der Situation oft überrascht, wie die Studie ergab – oder besser: von ihren eigenen Gefühlen, mit denen sie nicht gerechnet haben. »Ein Großteil der Männer hat große Mühe, das vorherzusehen und die Gefühle zu antizipieren«, hat Perrig-Chiello in den Tiefeninterviews herausgefunden. »Die Frauen haben damit gerechnet, dass das Ausziehen der Kinder sie belasten könnte. Entsprechend haben sie sich vorbereitet. Die Männer hingegen sind von den Gefühlen, die es bei ihnen ausgelöst hat, recht unvorbereitet getroffen worden. Weil Frauen mehr mit anderen Frauen sprechen, haben sie hier bessere Karten.« Die Psychologin scheut sich nicht, daraus einen Ratschlag abzuleiten: »Männer, tauscht euch über Erfahrungen und Gefühle aus, redet nicht nur über Politik, Kultur, Beruf und Fußball.«

Es geht ihr nicht um pauschale Männerkritik oder irgendeine Form der Schuldzuweisung, sondern um die Beobachtung, dass Väter heute eine »verletzliche Spezies« darstellen, zumindest die Generation der »mittelalten« Männer zwischen 45 und 60, deren Rollenbild von der Generation der eigenen Väter geprägt ist. Denn in dieser Hinsicht verändert sich gerade etwas, wie die Schweizer Forscherin betont: »Jüngere Männer machen nicht alles mit sich selbst aus, sie suchen auch vermehrt Hilfe, wenn sie sie brauchen.« Viele von ihnen sind mehr und intensiver mit ihren Kindern zusammen, verstehen sich nicht vorwiegend als finanzieller Versorger der Familie. Wenn die Kinder, die heute auf die Welt kommen, groß sind und ausziehen, werden ihre Väter und ihre Mütter also möglicherweise ähnlich reagieren, so steht zu vermuten. Werden sie auf die Situation vorbereitet sein, ihre Trauer zeigen können, aber auch die Entlastung von familiären Aufgaben zu schätzen wissen?

Perrig-Chiello nennt noch einen anderen möglichen Grund dafür, dass der Auszug der Kinder für Väter eine besonders einschneidende Veränderung darstellen kann: Vielen Männern falle es schwerer als den meisten Frauen, den Kontakt zu den Kindern zu halten, die nicht mehr mit ihnen zusammenleben. »Nachdem das letzte Kind ausgezogen ist, merken die Männer, dass die sozialen Beziehungen vorwiegend über die Mütter liefen« – und weiterhin über die Mütter laufen. Die Väter entschließen sich Perrig-Chiellos Erfahrung zufolge weniger leicht, zum Telefon zu greifen, um mit den Kindern zu plaudern. Und sie tun sich schwerer, sich mit ihnen »einfach so« zu verabreden. Es gelinge ihnen deshalb weniger gut, enge soziale Beziehungen mit ihren erwachsenen Kindern zu pflegen, urteilt die Forscherin. Die Folge: Sie fühlen sich im familiären Abseits. »Frauen haben hier oft Vorteile, weil die Männer sie ihnen lassen.« Aber auch für die Söhne und Töchter sei es wichtig, dass die Väter mit ihnen Kontakt halten. »In der Kindheit und Jugend haben sie in der Regel eine komplementäre Funktion zu den Müttern. Das ist eine Stärke, die sie weiterhin ausspielen können.«

Pasqualina Perrig-Chiello denkt dabei auch an ihre eigene Familie: an die Abende, an denen Vater und Söhne an getrennten Orten dasselbe Fußballspiel verfolgen und per WhatsApp über verpasste Torchancen und gefallene Tore kommunizieren. Moderne Technologien für die Kommunikation zu nutzen, sich Links zu schicken, gemeinsame Reisen zu planen und zu organisieren, all das sieht sie als Chancen für die Väter. »Wenn es einem Vater wirklich ernst ist mit der Verbindung zu seinen erwachsenen Kindern, muss er etwas investieren.«

Die jungen Erwachsenen kommen heute häufiger als noch vor einigen Jahrzehnten nach dem ersten und zweiten Auszug ins Elternhaus zurück – etwa für die kurze Zeit zwischen zwei Studienorten oder Ausbildungsphasen, weil der befristete Job endet oder weil die Partnerschaft zerbricht. Dieser Bumerangeffekt werde von beiden Elternteilen oft unterschiedlich empfunden, hat Perrig-Chiello festgestellt: »Das Hin und Her, das für biografische Übergänge typisch ist, spielt eher den Vätern in die Hände.« Der Grund: Sie haben das »Kind« wieder bei sich, die Kommunikation wird dadurch erleichtert, man kann spontan etwas miteinander unternehmen. Andererseits machten Väter sich weniger Gedanken über erneut anfallende zusätzliche Hausarbeit als die Mütter, meint die Psychologin. Möglicherweise sollten die Mütter sich in dieser Hinsicht eine Scheibe von den Vätern abschneiden: also die zeitweilige Rückkehr ihrer erwachsenen Söhne und Töchter gelassen genießen, statt gleich an aufwendigere Mahlzeiten und an die erneut anfallende Wäsche zu denken – und sich dafür zu allem Überfluss auch noch verantwortlich zu fühlen.

Das ist das Bild, das die Forschung Anfang des 21. Jahrhunderts von den Vätern erwachsener Kinder zeichnet. Es sieht deutlich anders aus als Mitte des vergangenen Jahrhunderts, als die innerfamiliäre Kommunikation mit Kindern und Enkeln oft ausschließlich über »Mutti« lief. Doch es zeigt deutliche Spuren alter Rollenmuster. »Ich sehe das aber überhaupt nicht schicksalhaft«, betont Entwicklungspsychologin Perrig-Chiello. »Jeder Vater kann neu beginnen.«

Über die Beziehungen zwischen Vätern und ihren erwachsenen Kindern in einigen Jahrzehnten können wir nur spekulieren. Über den einzelnen Vater und seine Beziehung zum erwachsenen Kind ist mit Trends und Statistiken, wie sie die Forschung ermittelt, ebenfalls wenig gesagt. Doch es ist spannend, mit engagierten und reflektierten Vätern über die Lebensphase zu sprechen, in der ihre Kinder flügge geworden sind.

»Wir haben den Alltag geteilt, deshalb bin ich jetzt genauso traurig wie meine Frau«

Ein Gespräch mit Alexander K. über Vaterfreuden beim gemeinsamen Kochen, Traurigkeit über das Ende einer Lebensphase und Trost im Beruf

Alexander K. sagt zu Beginn unseres Gesprächs, im Kleinkindalter habe seine Frau die stärkere Beziehung zu den beiden Söhnen gehabt. Der Augsburger Juraprofessor war in dieser Zeit sehr mit seiner beruflichen Karriere beschäftigt. »Es war die klassische Rollenverteilung: erst die Doktorarbeit, dann die Habilitation. Meine Frau hatte zwar auch ein Studium abgeschlossen, danach aber sehr zurückgesteckt und sich erst später eine selbständige berufliche Existenz aufgebaut.« Die beiden Söhne, heute 26 und 20 Jahre alt, seien wegen des zeitlichen Abstands fast wie Einzelkinder aufgewachsen. »Sie hatten jeweils die volle Aufmerksamkeit.« Direkt nach dem Abitur war der Ältere von beiden zum ersten Mal länger von zu Hause weg, er hat ein Jahr in den USA verbracht. Inzwischen studiert er in England. Der Jüngere hat im letzten Jahr Abitur gemacht und ist »fast sofort danach« zum Freiwilligendienst nach Köln aufgebrochen. Er absolviert ihn am Theater, dem seine große Leidenschaft gilt.

Als die Kinder etwas größer waren, unternahm der Vater sehr viel mit ihnen. »Wir haben den Alltag geteilt, deshalb bin ich jetzt genauso traurig wie meine Frau.« Die Aufgabenteilung war während der Schulzeit der Jungen nicht mehr so »klassisch«: Alexander K. hat den Haushalt übernommen, war vor allem fürs Einkaufen und Kochen zuständig. »In den letzten Jahren habe ich das fast täglich mit meinem jüngeren Sohn gemeinsam gemacht.« Dem Jugendlichen seien die gemeinsamen Abendessen ausgesprochen wichtig gewesen, berichtet der Vater. »Überhaupt waren unsere Söhne eher häuslich, sie waren nicht so oft außerhalb, haben ihre Freunde oft zu uns mitgebracht.« Die große Altbauwohnung der Familie mitten in der Augsburger Altstadt sei ein attraktiver Anlaufpunkt gewesen.

»Diese 25-jährige Phase mit Kindern ist jetzt vorbei. Wir hatten immer ein enges Verhältnis, und sie fehlen mir.« Diese Empfindung teilt Alexander K. mit seiner Frau, »obwohl die Inhalte in unseren Beziehungen mit den Kindern recht verschieden sind«. Seine Frau, so berichtet er, kümmere sich mehr um die Befindlichkeit der Kinder, rede mit ihnen zum Beispiel über Sorgen und Probleme. »Wenn sie anschließend mit mir sprechen, geht es ihnen meist schon besser.« Er habe dafür immer sehr gern etwas mit seinen Söhnen unternommen, teile mit dem älteren Sohn zum Beispiel die Begeisterung für Fußball und Fotografie, mit dem Jüngeren die für das Kochen. »Wir begegnen den Kindern ganz unterschiedlich.«

Als Paar müssen sie sich nun wieder darauf einstellen, zu zweit zu leben. »Das gemeinschaftliche Projekt Kinder ist weg. Dabei sind sie nach wie vor das große verbindende Element.« Können sie in dieser Situation daran anknüpfen, dass sie schon acht Jahre lang ein Paar waren, bevor die Kinder kamen? Dass sie zusammenwohnten, zur selben Zeit verschiedene Fächer studierten, gemeinsame Freunde fanden? Einige alte Vorlieben ziehen sich durch das gemeinsame Leben. »Wir gehen zum Beispiel jetzt häufiger ins Kino und ins Theater, und das haben wir schon früher gern getan.«

Neue Vorlieben sind hinzugekommen: Die beiden mögen es inzwischen, abends essen zu gehen und sich dabei von ihren Erlebnissen im Berufsalltag zu erzählen. Wegen der Kinder taten sie das früher seltener, und noch früher fehlte das Geld zum Ausgehen. »Wir haben auch neue Freiheiten«, überlegt Alexander K. »Ich denke zum Beispiel bei der Arbeit nicht mehr: Ich muss nach Hause, ich bin doch zum Einkaufen und Kochen mit meinem Sohn verabredet! Heute kochen wir eben an manchen Abenden einfach nicht, essen nur eine Kleinigkeit oder gehen aus.« Der Professor findet es auch angenehm, dass er morgens nicht mehr um Viertel nach sechs aufstehen muss, um dem Sohn Frühstück zu machen, sondern erst um halb acht. »Die Freiheiten, die vorher eingeschränkt waren, nehmen wir uns jetzt.«

Die Freiheit, die Wohnung umzugestalten, haben sie sich noch nicht genommen. »Der Jüngere hat noch sein Zimmer, er hat nicht viel nach Köln mitgenommen. Noch ist ja nicht klar, was und wo er studieren wird.« Im Zimmer des Älteren hört der Vater jetzt öfter Musik: »Er hat neben all seinen überwiegend in Kartons verpackten Sachen auch seine Vinylplatten bei uns gelassen.« Im Grunde habe sich in der Wohnung bisher nicht viel verändert, überlegt Alexander K. Sie biete viel Platz, es gebe deshalb keinen Druck für die Eltern, die Zimmer der Kinder zu nutzen. »Und wir wissen alle noch nicht, was wird, wenn der Jüngere studiert und das Promotionsstipendium des Älteren in England ausläuft.« Die Söhne könnten ja zeitweise wieder bei den Eltern einziehen.

Als er selbst zu Hause auszog, hat Alexander K. sich keine großen Gedanken um das Befinden seiner Eltern gemacht. »Mag sein, dass das vollkommen egoistisch war, aber ich habe darüber kein bisschen nachgedacht.« Erleichtert wurde die Sorglosigkeit seiner Ansicht nach durch die Tatsache, dass seine Schwester weiter im Haus der Mutter wohnte. Es gebe aber noch einen anderen Punkt: Die Beziehung zu seinen Kindern sei enger, als es seine eigene zu seinen Eltern gewesen sei, meint Alexander K. »Wir haben während ihrer Jugendzeit viel mehr miteinander kommuniziert, als das mit meinen Eltern damals der Fall war.«

Waren Väter in früheren Zeiten im Vergleich zu Müttern eher cool und sachlich beim Auszug ihrer Kinder, und ist es heute generell anders? »Möglicherweise ist das so. Jedenfalls höre ich auch von Kollegen, die es schon hinter sich haben, dass es ihnen mit der Trennung von den Kindern ähnlich gegangen ist wie mir.« Man solle seine Kinder mit der Traurigkeit nicht belasten, die sich einstellt, wenn sie weggehen, meint Alexander K. »Die gucken ja voraus, sie müssen freien Schrittes vorangehen.« Dass er traurig sei, habe er ihnen zwar gesagt, »aber ich habe nicht geklagt«.

Nun ist es ein Dreivierteljahr her, dass der Jüngere auszog. »Der Schmerz ist nicht mehr so akut«, sagt Alexander K. »Man kommt in eine gewisse Gewöhnung. Man sagt sich: Meine Güte, jetzt ist diese Lebensphase vorbei!« Theoretisch und mit dem Verstand könne und müsse man sich zudem klarmachen: Es erwischt jeden. Und man könne sich trösten. Er selbst, sagt der Juraprofessor, habe den Vorteil, im Beruf mit jungen Leuten zu tun zu haben. »Mit Menschen im Alter meiner Kinder. Insofern bin ich nicht ganz abgehängt.«

»Das Gefühl für die Kinder ist und bleibt ganz intensiv«, überlegt der engagierte Vater. »Man will unbedingt, dass sie Gutes erleben. Wenn sie Liebeskummer haben, geht einem das total nahe.« Auch wenn die Jungs in der Ferne sind.

»Einsicht und Erlebniswelt klaffen auseinander«

Ein Gespräch mit dem Psychologieprofessor und Vater Andreas Maercker über den Verlust einer Glücksquelle, leichten Neid auf junge Väter und die ungleiche Verteilung der Begabung zum Telefonieren

»Für mich war es eine der schmerzlichsten Erfahrungen im Leben«, sagte der freundliche Unbekannte. Wir kamen auf einem Verlagsfest ins Gespräch. Er fragte, wie es in solchen Fällen naheliegt, nach meiner beruflichen Tätigkeit. Und ich habe vom Thema meines im Entstehen begriffenen Buches berichtet: vom Auszug der Kinder aus dem Elternhaus. Dass der Unbekannte dieses Thema wichtig fand, dass er gleich an seine persönliche Erfahrung und den Auszug seines Sohnes dachte, bestärkte mich. Nicht zuletzt deshalb, weil ich, wie sich schnell herausstellte, mit Prof. Dr. phil. Dr. med. Andreas Maercker von der Universität Zürich sprach, der als Psychologe unter anderem zu entscheidenden Lebensereignissen, zur Psychologie der Lebensspanne und zu Folgen von Traumata forscht. Was der Vater und Wissenschaftler zum Thema »Empty Nest« zu sagen haben würde, schien mir doppelt interessant.

Einige Wochen später besuche ich Maercker im Wissenschaftskolleg zu Berlin, wo er für ein Jahr als Fellow lebt und arbeitet. Er hat sich zu einem ausführlichen Gespräch bereit erklärt. Und er versucht nun genauer zu ergründen, worin die schmerzliche Erfahrung beim Auszug eines Kindes besteht, von der er beim Verlagsfest spontan sprach – für ihn persönlich und möglicherweise auch für andere Väter. Genau genommen gehe es um den Verlust von etwas Beglückendem, setzt er schließlich an. »Wenn ein Kind auszieht, bedeutet das den Wegfall einer der schönsten Lebensphasen.« Maercker spricht von der Einschränkung der Lebensmöglichkeiten und der Lebensfreude, er beschreibt das Gefühl, nun von einem Teil der bisherigen Existenz abgeschnitten zu sein. »Das zeigt sich auch ganz praktisch in der Frage: Wie verbringe ich nun die Wochenenden? Was ersetzt die vielen Fahrradtouren mit meinem Sohn, die Abende, an denen wir mit Kartenspielen kein Ende fanden?«

Dass Maercker von den Wochenenden spricht, hat mit der speziellen Familienkonstellation zu tun: Sein Sohn kam an jedem zweiten Wochenende zu ihm und seinem Partner, und er verbrachte auch einen Teil der Ferien bei seinem Vater. Doch er lebte von klein auf bei seiner Mutter, Maerckers geschiedener Frau, die später in weiteren Beziehungen noch zwei Kinder auf die Welt brachte, zwei Halbgeschwister für seinen Sohn.

Die frühe Trennung von seinem einzigen Kind war ausgesprochen schmerzlich, und sie ist Teil einer besonderen Geschichte – einer Geschichte, in der sich Politisches und Privates verquicken. Die Geschichte von zwei jungen Männern, die sich in den 1980er Jahren im geteilten Berlin ineinander verlieben und von denen nur der eine, der aus dem Westen, den anderen besuchen kann. Maercker lebt im Ostteil der Stadt, er möchte die DDR verlassen, um dauerhaft mit seinem Freund zusammenzuleben. Er nimmt dafür schweren Herzens in Kauf, dass er seinen kleinen Sohn nicht mehr sehen wird, von dessen Mutter er sich schon vorher getrennt hat und die »ganz altmodisch« das alleinige Sorgerecht hat. Die Flucht misslingt, er verbringt zehn Monate im Stasi-Untersuchungsgefängnis Berlin-Hohenschönhausen. Von dort schickt er seinem Sohn gezeichnete Briefe, die sich zu einem Bilderbuch fügen sollen: Die Fortsetzungsgeschichte im Stil von Janoschs *Oh, wie schön ist Panama* erzählt von den aufregenden Reisen, die sein Papa angeblich unternimmt. Mit viel Phantasie versucht Maercker dem geliebten Kind seine Abwesenheit zu erklären.

Unverhofft wird die Mauer geöffnet, 1989 können sich die beiden Männer und auch Vater und Sohn wieder in die Arme schließen. Maercker arbeitet zunächst im Westteil der wiedervereinigten Stadt, später in Dresden, schließlich zieht er mit seinem Mann nach Zürich. Es ist eine glückliche Fügung, dass es die Mutter seines Sohnes mit ihrer Familie nach Donaueschingen verschlägt – was regelmäßige Besuche beim Vater in der Schweiz erleichtert. Den Alltag mit allem Drum und Dran, von Schulproblemen über Treffen mit den Freunden bis zu Arztbesuchen, erlebt der Vater jedoch nicht direkt mit – worauf ihn seine Ex-Frau ab und an hinweist.

Der Junge genießt bei seinen Besuchen höchstwahrscheinlich die ungeteilte Aufmerksamkeit des Vaters und von dessen Lebensgefährten. Jedenfalls macht er keine Anstalten, seine kleine Schwester zu einem der Besuche mitzubringen, was Maercker ihm wiederholt vorschlägt. Mit dem Partner des Vaters versteht der Heranwachsende sich gut. Mit leuchtenden Augen berichtet Maercker von Radtouren und »hemmungslos ausgedehnten« Spieleabenden zu dritt. Der Psychologe genoss es, die »wachsende Welt« des Kindes und Jugendlichen, seine geistige und seelische Entwicklung mitzuerleben, ausführliche Gespräche mit ihm zu führen. »Besonders schön war es zu sehen, wie sich das jugendliche Gerechtigkeitsgefühl bei ihm entwickelte, wie er in Diskussionen über Gut und Böse nachzudenken begann.« Als der 16-jährige Schüler für ein Austauschjahr nach Madrid ging, war es mit den Wochenenden fürs Erste vorbei. »Man merkte schon ein bisschen die Leere und das Loch.« Ein Vorgeschmack, auch wenn der Vater den Sohn in diesem Jahr in Spanien besuchte.

Als der Sohn mit 17 Jahren wieder in Deutschland zur Schule ging, wurden die Kontakte etwas loser, als sie es vor dem Spanienaufenthalt gewesen waren. An vielen Wochenenden hatte der Jugendliche nun andere Dinge zu tun, vor allem wollte er seine Freunde treffen. Eine ganz normale Entwicklung, das wissen nicht nur Psychologen. »Kognitiv hatte ich keine Schwierigkeiten damit, dass er selbständig wurde«, analysiert der Vater. »Aber Einsicht und Erlebniswelt klafften auseinander.« Als der Sohn nach dem Abitur für ein freiwilliges Jahr nach Bolivien und danach zum Studium nach Heidelberg ging, wurde das nicht gerade besser. Der Mann, der von sich sagt: »Ich liebe kindliche Freizeitbeschäftigungen«, hatte nun definitiv kein Kind mehr. Keinen Menschen, mit dem man ganz selbstverständlich das tut, was man mit Kindern unternehmen sollte.

Die Alternative liegt für einen gefragten Wissenschaftler nahe: mehr arbeiten. Schließlich gibt es immer ein Paper zu schreiben, einen Vortrag vorzubereiten, ein Buchprojekt zu planen. Maercker hatte sich zuvor die Wochenenden, die sein Sohn bei ihm verbrachte, immer von Arbeit freigehalten. Und er wollte die Lücke nicht komplett mit Arbeit füllen. Schließlich zeigte er ohnehin schon beträchtlichen beruflichen Einsatz. »Noch mehr hätte mir geschadet, das habe ich deutlich gespürt.« Am meisten habe ihm in dieser Phase geholfen, Freundschaften mit Gleichaltrigen zu stärken, berichtet er. »Eine Zeit lang habe ich mir das regelrecht zum Programm gemacht.« Was ihm außerdem half: mit dem Sohn E-Mails und Briefe auszutauschen, an dessen Leben Anteil zu nehmen. »Fürs Telefonieren sind wir beide nicht so begabt, vielleicht fällt das Müttern und Töchtern leichter.«

Da fällt ihm ein: Als er selbst von zu Hause ausgezogen und zum Studium in eine andere Stadt gegangen war, sagte sein Vater einmal nach einem Wochenendbesuch auf dem Weg zum Bahnhof: »Melde dich mal häufiger bei deiner Mutter, die würde sich sehr freuen!« Vielleicht hätte er, der nicht so gern telefoniert, seiner Mutter E-Mails geschickt, wenn es die damals schon gegeben hätte? »Auf jeden Fall denke ich heute darüber nach, warum mein Vater nicht von sich sprechen konnte und meine Mutter vorgeschoben hat.« Auch er hätte sich doch sicher über regelmäßige Lebenszeichen vom Sohn gefreut.

Andreas Maercker weiß inzwischen aus eigener Erfahrung, dass Väter stark unter dem »Empty Nest« leiden können. »Für mich war es wie eine Vertreibung aus dem Paradies.« Sie hat ihn früh getroffen, denn sein Sohn war kein »Nesthocker«, er zog gleich nach dem Abi weg. Und Maercker wurde – »ostdeutsche Vorgeschichte« – schon mit 24 Jahren Vater. »Als mein Sohn mit dem Studium begann, kam mir der Gedanke: Warum bin ich noch so jung und schon ohne Kind?« Er hätte sich gut vorstellen können, weitere Kinder zu bekommen. »Manchmal beneide ich die Männer, die ihr erstes Kind erst mit 35 gekriegt haben, und die Väter von mehreren Kindern.« Diese Männer werden erst später aus dem Paradies vertrieben.

Hilft es, Psychologe zu sein, wenn das passiert? »Bedingt vielleicht schon«, überlegt Maercker. »Ich habe die inneren Dialoge als hilfreich empfunden, die ich mit mir selbst geführt habe. Die Fähigkeit zum Reflektieren der Situation hat mich möglicherweise auch vor emotionalen Kurzschlüssen bewahrt.« Wenn man sich psychisch gelähmt fühle und jedes Interesse an Dingen verliere, die man früher gern gemacht hat, solle man sich aber professionelle Hilfe holen, empfiehlt Maercker, der als psychologischer Psychotherapeut bei seinen Patienten kognitive Verhaltenstherapie anwendet. »Das sind Anzeichen einer behandlungsbedürftigen Depression.« Die Verbindung zwischen einer psychischen Erkrankung und dem Auszug der Kinder werde allerdings von Ärzten und psychologischen Psychotherapeuten oft nicht hergestellt. Als junger Arzt, so berichtet Maercker, habe auch er sich unbeschwerter des klassischen Etiketts »Midlife-Crisis« bedient. »Heute hingegen würde ich sehr schnell auf Beziehungsaspekte und Bezugspersonen kommen.« Wenn sich in der Beziehung zu den liebsten Menschen etwas ändere, könne das durchaus zum Auslöser einer behandlungsbedürftigen Depression werden.

Maerckers Sohn ist inzwischen 34 Jahre alt, die Treffen der beiden Männer haben längst einen anderen Charakter angenommen, die Beziehung ist den Kinderschuhen entwachsen. Auf die Stärke der Gefühle des Vaters hat das keinen Einfluss: »Was mich betrifft, sind mein Partner und mein Sohn die liebsten Menschen meines Lebens. Und das bleibt so.«

»Auch wenn Eheleute auf demselben
Kissen schlafen, so haben sie
doch unterschiedliche Träume.«

Mongolisches Sprichwort

Fünftes Kapitel

Paare und Passanten. Ehe nach der Elternschaft

Übergang zur Zweisamkeit

»Unsere Gespräche drehten sich all die Jahre überwiegend um die Kinder«

Ein Gespräch mit dem Ehepaar Katrin und Holger K. über Söhne, aus denen Männer werden, geteilte Sorgen und das Reisen zu zweit

Nun ist Jochen zurück. Ein Jahr lang hat der Sohn ein Internat in England besucht. Katrin und Holger K. hatten die Berliner Altbauwohnung in dieser Zeit für sich allein, denn Tochter Lisa, Jochens ältere Schwester, studiert seit einem Jahr in Bremen. Die Krankenschwester und der Gymnasiallehrer erleben familiäre Umbrüche sehr bewusst. Das Jahr ohne Kinder war in ihren Augen ein Test, ein Vorgeschmack auf die Zeit, wenn auch Jochen die Schule abgeschlossen haben wird. Es ist lange her, dass sie ohne Kinder zusammenlebten. Sie waren jung, als sie sich kennenlernten, und es dauerte nur drei Jahre, bis Lisa auf die Welt kam. »70 bis 80 Prozent der Inhalte unserer Gespräche betrafen über Jahre die Kinder«, stellt Holger K. im Rückblick fest.

Verreist sind sie unzählige Male als Familie – in den Schulferien, in denen praktischerweise auch der Vater freihatte. »Wir hatten früher schöne Familienurlaube«, erinnert sich Katrin K. In diesem Jahr war es erstmals anders: Sie und ihr Mann waren zunächst mit einer Gruppe von Freunden und Bekannten beim Golfen, danach zu zweit Regensburg anschauen und ein paar ruhige Tage in Österreich genießen. Auch schön, aber ungewohnt. »Als es in Richtung Reutte in Tirol ging, mussten wir uns schon was einfallen lassen«, sagt Holger K. »Ich hatte Angst, dass uns die Gesprächsthemen ausgehen würden.«

Das passierte zwar nicht, doch indirekt ging es in den Urlaubsgesprächen manchmal wieder um die Kinder. Denn eines der großen Themen war die Umgestaltung der Wohnung – die mit über 120 Quadratmetern nicht klein ist, aber nur drei Zimmer hat. Weil Tochter und Sohn je ein eigenes haben sollten, schläft das

Elternpaar schon seit Jahren im Wohnzimmer. Die beiden wollen daran zunächst nicht rütteln, schließlich kommt die studierende Tochter öfters nach Berlin. Deshalb wird ihr Zimmer vorerst nicht »umgewidmet«, obwohl Vater Holger ein Arbeitszimmer gebrauchen könnte.

Nach der Rückkehr des Sohnes aus England gibt es nun doch eine Änderung: Jochen hat das große »Kinderzimmer« in Besitz genommen, seine Schwester wechselte in ihrem neuen Status als zeitweilige Besucherin in das kleinere Zimmer, das zuvor der Jüngere bewohnt hatte. Es bleibt also vorerst ein »Kinderzimmer«. Die Kinder, erzählt Katrin, seien enttäuscht gewesen, dass die Eltern sich nicht zu größeren Änderungen aufgerafft haben.

Die Eltern wiederum machen den Eindruck, sie lebten in einer Zeit des Übergangs. Von Neuem wohnen sie nach einem Jahr Pause mit einem minderjährigen Schüler zusammen. Sie machen sich Gedanken, ob er genug für die Schule tut, regen sich auch auf, wenn seine Sachen überall herumliegen. Sie machen sich Sorgen, wenn er ihnen nicht erzählt, was er abends vorhat und wann er zurückzukommen gedenkt. »Ab und zu ein Tropfen Information wäre schon gut«, sagt die Mutter. »Mit WhatsApp wäre das doch leicht!«

Als Jochen in England war, wussten sie natürlich auch nicht genau Bescheid, was er gerade machte und mit wem er sich traf. Sie verließen sich jedoch auf die Internatsstruktur, gaben zeitweise Verantwortung ab. »Manches bekommt man ja nicht so mit«, sagt Katrin. Sie haben nachts tief geschlafen, weil sie nicht auf das Knacken des Schlüssels bei der Rückkehr eines Kindes warteten, das noch spät in der Nacht aus war. Sie haben sich, wie Holger erzählt, öfters mal die »Kocharie am Abend« gespart und stattdessen ein paar belegte Brote gegessen oder in der Pizzeria Freunde getroffen. »Ich empfand es als schön«, erzählt Holger. »Es war ruhiger, manchmal zu ruhig. Und der Dreck in der Wohnung, von dem wusste man: Das war man selbst.« »Dadurch, dass er wieder da ist, ist jetzt auch die Thematik wieder da«, sinniert

Katrin. »Es ist eben dieses spezielle Eltern-Kind-Ding«, überlegt Holger. Verstärkt wurde es in diesem speziellen Fall sicher dadurch, dass sie ihre Tochter schon früh als selbstständig und zielstrebig wahrgenommen haben, den Sohn nicht so sehr.

Jedoch habe auch er sich verändert. »Schon vom Optischen her«, sagt seine Mutter. »Er ist größer geworden, hat sich einen Bart stehen lassen, sieht männlicher aus.« Die Eltern haben den Eindruck, er fühle sich bisweilen in seiner Freiheit eingeschränkt und kontrolliert, wenn sie zu Hause sind. Eigentlich möchten sie nicht, »dass es wieder losgeht wie früher«. Denn einerseits sehen sie durchaus, dass er sich entwickelt hat, selbständiger geworden ist, allein besser klarkommt. Andererseits verlasse er sich immer noch auf die Hilfe seines Vaters und auf den Service im »Hotel Mama«. Das macht den Eltern Sorgen. »Wenn man Kinder hat, ist das Ziel doch immer«, beginnt Katrin einen Satz, den ihr Mann beendet, »dass sie laufen können.«

Wie werden sie sich fühlen, wie werden sie leben, wenn Jochen so gut »laufen« kann, dass auch er auszieht? »Man weiß es vorher nicht«, sagen beide. Irgendwann werden sie sicher die Wohnung auf den Kopf stellen, die Zimmer anders aufteilen – und Reisen zu zweit planen. Sie bereiten sich seelisch darauf vor.

Erleichterung im Empty Nest

Wir haben mehrere Beispiele dafür gesehen, wie Mütter und Väter, jede und jeder auf eigene Art, unter dem Auszug der Kinder leiden. Welche Strategien sie ergreifen, um nicht unter einer Leere zu leiden. Doch beim Blick in Romane und Erzählungen fällt Erleichterung darüber auf, dass die Phase der aktiven Elternschaft endet. Ist also doch etwas Wahres dran an der Bemerkung des klugen Rabbis, das Leben beginne erst, wenn die Kinder aus dem Haus sind und das Haustier tot ist? Beginnt nun für Paare eine verheißungsvolle Ära, ein zweiter »Honigmond«? Und sagen fiktive Figuren nur ungeniert, was reale Eltern sich nicht auszusprechen trauen?

»Kinder sind ein Segen Gottes, Kinder sind eine Freude der Eltern! Alles das ist reine Lüge (…) Kinder sind eine Plage und weiter nichts. Die Mehrzahl der Mütter hat diese Empfindung und spricht sie zuweilen unwillkürlich aus«, schrieb ausgerechnet Leo Tolstoi, Vater von 13 Kindern, von denen acht das Erwachsenenalter erreichten. Genauer: In seiner 1889 erschienenen Erzählung *Kreutzersonate* sagt dies der (zugegebenermaßen etwas kauzige) Herr Posdnyschew während einer Eisenbahnfahrt zu seinem Mitreisenden. Dass dieser Herr hinsichtlich der Elternliebe von »reiner Lüge« spricht, wirkt wie ein früher Hinweis auf das, was wir heute »politische Korrektheit« nennen: Eltern trauen sich seiner Ansicht nach nicht zuzugeben, dass Kinder anstrengend sind. Der schrullig wirkende Herr zählt zunächst realitätsnah die vielfältigen Krankheiten auf, die seine Frau und ihn beunruhigten, als die fünf Kinder klein waren. Er berichtet von den – sich schon damals widersprechenden – Ratschlägen zur Erziehung und Gesundheitspflege, und nicht zuletzt vom Streit der Eheleute darüber, kurz: vom Stress der Elternschaft, der auf die Paarbeziehung übergreift. Daraus leitet er radikale Schlussfolgerungen ab. »Der Besitz von Kindern erleichterte uns also das Leben keinesfalls, sondern vergiftete es ganz und gar. Die Kinder gaben immer wieder Anlass zu Zank und Hader. Seit wir Kinder hatten und diese heranwuchsen, wurden sie mehr und mehr die Veranlassung und der Gegenstand von Streit und Zwist.«

Die italienische Bestsellerautorin Elena Ferrante wiederum, Autorin des Kultbuchs *Meine geniale Freundin,* lässt in ihrem Roman *Frau im Dunkeln* die Ich-Erzählerin keinen Hehl aus ihrer Freude über den Umzug der erwachsenen Töchter machen. Immerhin wundert sich die engagierte Mutter über den neuen Seelenzustand: »Als meine Töchter nach Toronto zogen, wo ihr Vater seit Jahren lebte und arbeitete, stellte ich verwirrt und überrascht fest, dass mir das keinen Schmerz verursachte, sondern dass ich mich erleichtert fühlte, als hätte ich sie erst in diesem Moment endgültig auf die Welt gebracht.« Sie beschreibt mithin das Gefühl, das sich nach einer schweren Geburt einstellt. Erst wenn die Kinder ausziehen, sei die Nabelschnur endgültig durchtrennt, und die Frau habe eine anstrengende Aufgabe zum glücklichen Ende gebracht! »Zum ersten Mal seit fast fünfundzwanzig Jahren musste ich mich nicht mehr um sie kümmern und für sie sorgen. Die Wohnung war aufgeräumt, als würde niemand darin leben, der lästige Einkauf und die Wascherei entfielen, die Frau, die mir seit Jahren im Haushalt zur Hand ging, fand eine lukrativere Arbeit, und ich hatte keinen Bedarf, sie zu ersetzen.« Ferrantes Heldin ist eine Wissenschaftlerin Ende vierzig, die ihre Mutterrolle stark an lästige Haushaltspflichten gekoppelt sieht und sich freut, dass tägliche warme Mahlzeiten in Zukunft entfallen werden. Eine Mutter aber auch, die ihre Töchter noch mit Anfang zwanzig rundum versorgt hat, im italienischen »Albergo Mamma«. Nun ist von alledem allenfalls noch die Sorge übrig: »Meine einzige Verpflichtung den Mädchen gegenüber war der tägliche Anruf, um zu hören, wie es ihnen ging und was sie machten.« Sie empfindet es als Befreiung.

Vor demonstrativer Freude über die neuen Lebensperspektiven strotzt der Ratgeber des Journalisten und Autors Uwe Bork *Endlich Platz im Nest! Wenn Eltern flügge werden.* Er widmet das Buch seiner Frau. Auch wenn man beim Lesen deutlich merkt, dass Bork sich und seinen Lesern mit diesem Optimismus Mut machen will, dass er mit seinem betont heiteren Ton Ängste verscheuchen möchte wie ein Mensch, der im Dunkeln singt: Tatsache ist, dass Paare bessere Chancen haben, ihre Lebenszufriedenheit zu bewahren, wenn die Kinder aus dem Haus gehen, als es bei Alleinerziehenden der Fall ist. Wir haben es im zweiten Kapitel anhand der SOEP-Studie *She's leaving home* von Piper und Jackson gesehen. »Zusammen ist man weniger allein«, um den Titel eines französischen Romans und Kinofilms zu zitieren.

Unverhohlene Freude

Michel Houellebecq und die lieblosen Eltern

Der französische Schriftsteller Michel Houellebecq erfindet immer wieder Figuren und Situationen, die provozieren. In seinen Romanen treten häufig Helden auf, die unter der Lieblosigkeit ihrer (von der 68er-Bewegung geprägten) Eltern leiden. Auch im Roman *Serotonin* kommt diese kalte, gefühlsarme Atmosphäre vor. Der Protagonist berichtet darüber, wie seine Eltern reagierten, als er den Wunsch äußerte, das Elternhaus zu verlassen. »Sie hatten kein anderes Kind, und ich weiß noch, wie ich ihnen in dem Jahr, als ich nach dem Abitur die Vorbereitungsklasse Agrikultur auf dem Lycée Henri IV besuchte, erklärte, in Anbetracht der schlechten Anbindung von Senlis an den öffentlichen Nahverkehr wäre es für mich viel praktischer, mir ein Zimmer in Paris zu nehmen, ich weiß noch genau, wie ich da einen flüchtigen, aber eindeutigen Ausdruck der Erleichterung über das Gesicht meiner Mutter huschen sah; ihr erster Gedanke war, dass sie endlich wieder zu zweit sein würden.
Mein Vater wiederum dachte kaum daran, seine Freude zu verhehlen, er nahm die Sache gleich in die Hand, und eine Woche später bezog ich eine unnötig luxuriöse Einzimmerwohnung.«

Der Sohn – im Roman als schwieriger Charakter gezeichnet – nimmt sich als Störenfried der Beziehung seiner Eltern wahr. Dabei ist er kein »Nesthocker«, denn er möchte recht bald nach dem Abitur verschwinden, dem »Bac«, das französische Schüler schon nach zwölf Schuljahren mit 18 Jahren ablegen. Der Grund ist ein praktischer, denn die Eltern wohnen auf dem Land, die Verkehrsanbindung nach Paris ist schlecht. Die Freude der Eltern aber geht tiefer – und das verstört den jungen Mann.

Die Gedanken und Gefühle, mit denen Houellebecq, Tolstoi und Ferrante ihre fiktiven Elternfiguren ausstatten, wirken lieblos. Doch darf man, ohne literarische Überspitzung, die Sache nicht auch ganz anders betrachten? Können und dürfen Eltern nicht der Tatsache durchaus etwas abgewinnen, nun keine Schulbrote mehr schmieren, Socken und verschwitzte T-Shirts aus unübersichtlichen Jugendzimmern in den Wäschekorb tragen und sonntagmittags vor dem Badezimmer warten zu müssen, bis die junge Frau, die im »Kinderzimmer« des Sohnes übernachtet hat, mit Duschen fertig ist? Und dürfen sie sich nicht wie Uwe Bork und seine Frau über die Perspektive einer neuen Zweisamkeit freuen? Wenn wir so fragen, lautet die Antwort selbstverständlich: Ja, das dürfen und sollten sie! Und es entlastet nicht zuletzt die erwachsenen Kinder.

Scheidung nach der silbernen Hochzeit

Wir müssen uns allerdings auch eine andere Frage stellen. Und die ist geeignet, die tröstliche Feststellung von der wärmenden Zweisamkeit gehörig ins Wanken zu bringen. Sie lautet schlicht: Hält die Partnerschaft? Oder ist sie in Gefahr, wenn die Kinder ausziehen?

Fest steht, dass »späte Scheidungen« in den letzten Jahrzehnten zugenommen haben. Zwischen 1964 und 2004 ist die durchschnittliche Ehedauer zum Zeitpunkt der Scheidung von neun auf 13 Jahre gestiegen. Zahlen des Statistischen Bundesamtes bestätigen diesen Trend: Wurden im Jahr 1993 nur 14 300 Ehen nach der silbernen Hochzeit geschieden, so waren es im Jahr 2013 schon 23 600. Gut 14 Prozent der Scheidungen erfolgen inzwischen nach mehr als 26 Jahren Ehe. Dazu kommt vermutlich eine beträchtliche Anzahl von Paaren, die sich aus wirtschaftlichen Gründen nicht scheiden lassen, sondern pro forma ein Ehepaar bleiben, doch im Alltag getrennte Wege gehen. Sie tauchen in der Statistik nicht auf.

Die Entwicklungspsychologin Pasqualina Perrig-Chiello von der Universität Bern, deren Forschung wir schon im vierten Kapitel kennengelernt haben, hat mit ihrem Team 1000 langjährig Verheiratete und ebenso viele spät Geschiedene mehrmals im Verlauf von sechs Jahren zu verschiedenen Themen befragt. Den Trend zu Trennung und Scheidung auch nach mehr als 20 Jahren Ehe sieht sie als Hinweis darauf, »dass die Vorteile einer langjährigen Beziehung, beispielsweise tiefe Verbundenheit, gemeinsame Projekte und geteilte Erinnerungen, für immer mehr Paare an Bedeutung verlieren und überlagert werden von Gefühlen wachsender emotionaler Distanz, zunehmender Enttäuschung, Überdruss und mangelndem gegenseitigen Verständnis und Vertrauen«.

Noch für die Eltern der von ihr Befragten sei es nicht möglich gewesen, diesen Gefühlen nachzugeben, sagt Perrig-Chiello. Sie haben aus wirtschaftlichen, gesellschaftlichen und religiösen Gründen in unbefriedigenden Ehen »ausgeharrt«. Die Perspektive, auch allein glücklich und wirtschaftlich unabhängig zu leben, und nicht zuletzt die gestiegene Lebenserwartung lassen die Ansprüche an eine Beziehung steigen. Und Perrig-Chiello zufolge gilt dies vor allem für Frauen: »In etwas mehr als der Hälfte geht die Trennung nach einer langjährigen Partnerschaft von der Frau aus und nur zu einem Drittel vom Mann, bei den restlichen Paaren wird der Trennungsentschluss gemeinsam gefällt.« Bei Frauen über 65 verstärke sich dieser Trend, berichtet Perrig-Chiello: In fast zwei Dritteln der Fälle ergreift die Frau die »Trennungsinitiative«. Frauen berichten dann häufig, dass ihnen die Kommunikation mit dem Partner fehle, dass man sich im Lauf der Jahre auseinandergelebt habe, dass es zu wenige gemeinsame Unternehmungen gebe. Die Psychologin betont auch, dass Verletzungen durch »Fremdgehen« und neue Beziehungen eine Rolle spielen, und dass es nicht immer leicht sei, hier die Henne und das Ei auszumachen. Kann man nicht mehr miteinander reden, weil es einen Dritten oder eine Dritte gibt, oder kam die oder der Dritte ins Spiel, weil die Beziehung schwierig geworden war?

Diese Fragen beantworten im Einzelfall sogar die betroffenen Partner unterschiedlich.

Was uns besonders interessiert: Welche Rolle spielt der Auszug von Kindern bei Trennungen und Scheidungen? Eine durchaus wichtige Rolle, legt eine Studie der Soziologen Thomas Klein und Ingmar Rapp aus dem Jahr 2010 nahe: Die Wissenschaftler, die damals gemeinsam an der Universität Heidelberg forschten, nutzten Daten des »Generations and Gender Survey«, einer repräsentativen Untersuchung, für die mehr als 10 000 Personen im Alter zwischen 18 und 79 Jahren interviewt wurden, darunter zahlreiche Ehepaare. Dabei zeigte sich, dass mit dem Eintritt in die Empty-Nest-Phase für Elternpaare das Trennungsrisiko steigt. Und zwar ist es nicht nur kurzfristig erhöht, sondern im Vergleich zu Elternpaaren, deren Kinder noch zu Hause leben, dauerhaft. In der Zeit nach dem Auszug des letzten Kindes liegt die Trennungsrate von Elternpaaren sogar kurzfristig höher als die gleich lange verheirateter Kinderloser.

Bisher ist das Phänomen bei der Analyse von Statistiken nicht besonders aufgefallen. Doch es ist bemerkenswert: Wenn die Kinder klein sind und in die Kita gehen, haben ihre verheirateten Eltern gegenüber gleichaltrigen Kinderlosen ein um die Hälfte reduziertes Scheidungsrisiko. Wenn man nur diese Tatsache betrachtet, könnte man meinen, dass Kinder in stabileren Partnerschaften und von verträglicheren Erwachsenen in die Welt gesetzt werden, sodass es kein Wunder ist, wenn Eltern sich seltener trennen. Dass Paare, die miteinander Kinder bekommen, grundsätzlich einen verträglichen Charakter haben und deshalb harmonischer zusammenleben, lässt sich nur leider nicht behaupten, wenn man in Betracht zieht, dass ihre Scheidungsrate sich der Kinderloser annähert, sobald die Kinder aus dem Haus sind. Ob die Paare ein oder mehrere Kinder haben: Das Risiko einer Trennung ist am höchsten, wenn alle Kinder den Haushalt verlassen haben. Dass die Ehen in der Zeit davor stabiler sind, müsse also an »Charakteristika des Zusammenlebens mit Kindern« liegen, folgern die Soziologen.

»Ein Grund dafür, dass Kinder Eltern zusammenhalten, ist, dass man ein Kind nicht so leicht allein erziehen kann«, sagt Ingmar Rapp. »Das schafft eine wechselseitige Abhängigkeit, die erst wegfällt, wenn die Kinder aus dem Haus gehen.« Kurz, man braucht sich: Die familiären Aufgaben sind schlicht leichter zu bewältigen, wenn man sie teilen kann. Und das geht am besten mit dem Menschen, dem das Wohl des Nachwuchses genauso stark am Herzen liegt wie einem selbst.

Kinder machen nicht nur viel Arbeit, sie sorgen für etwas, das Wissenschaftler nüchtern Nutzen oder Belohnungswert nennen. Auch wenn Tolstois Protagonist die Sache in seiner Polemik ganz anders sah. Wir können diesen Nutzen auch schlicht als Freude bezeichnen. »Den Vorteil, sie zu teilen, haben beide Partner nur dann, wenn sie zusammenbleiben«, sagt Rapp. Dass das Trennungsrisiko der Eltern mit dem Auszug der Wesen steigt, die Arbeit machen und Freude spenden, lässt sich aus dieser Perspektive als Nachholeffekt deuten: Die Paare haben zwar schon früh gemerkt, dass sie »nicht zusammenpassen«, sind zähneknirschend »der Kinder wegen« trotzdem zusammengeblieben – um sich die Arbeit der Betreuung und Haushaltsführung zu teilen und ständigen Umgang mit den Kindern zu haben. Es kann aber auch sein, dass für Paare, die sich kurz nach dem Auszug des letzten Kindes trennen, in der Zeit davor der Himmel noch voller Geigen hing, dass sie sich in der Beziehung gut aufgehoben fühlten, solange sie in der Elternrolle täglich gefragt waren, und sich nun aus der Bahn geworfen fühlen. Beide Faktoren, das langjährige Ausharren in einer als unbefriedigend empfundenen Beziehung und neue, ungewohnte Belastungen durch die familiäre Veränderung, können zusammenkommen. Wie auch immer: »Eine mögliche Erklärung für das erhöhte Scheidungsrisiko in der Empty-Nest-Phase sind Anpassungsprobleme und Umstellungsschwierigkeiten«, urteilt Soziologe Rapp. Der Auszug der Kinder markiert bei späten Trennungen und Scheidungen auf jeden Fall einen Punkt, an dem die Paare feststellen: Es passt nicht mehr.

»Als die Kinder ausgezogen sind, habe ich noch deutlicher gemerkt: Unsere Beziehung ist nicht mehr gut«

Ein Gespräch mit Florian F. über die Freude am Familienleben, eine Ehe ohne erotisches Prickeln und das Glück mit der neuen Partnerin

Heute Abend wird sich Florian F. mit der Frau treffen, mit der er verheiratet ist. In einem Lokal, denn er lebt seit eineinhalb Jahren nicht mehr mit ihr zusammen. Die beiden haben zwei Kinder, einen Sohn und eine Tochter, die 22 und 24 Jahre alt sind. Florian F. ist inzwischen mit einer anderen Frau glücklich. »Die Beziehung zu meiner Frau war ganz sicher schon vor dem Auszug der Kinder zerrüttet«, urteilt er im Rückblick. Es habe die körperliche Anziehung gefehlt, der erotische Reiz, die prickelnde Atmosphäre, das lockere, freudvolle Gespräch zu zweit. »Sexuell lief schon einige Zeit nichts mehr.«

Mehrmals haben die beiden im Verlauf der 24 gemeinsamen Jahre Anlauf genommen, um durch Gespräche mit einem Paartherapeuten die Situation zu verbessern. »Im Rückblick würde ich aber auch sagen, dass ich alles mehr oder weniger habe laufen lassen, dass ich sehr passiv war«, gesteht Florian F. Warum? »Wir haben beide das Familienleben sehr genossen, wir sind zusammengeblieben, weil wir als Familie leben wollten, weil wir den Alltag mit den Kindern mochten.« Wie eine gute Wohngemeinschaft sei das gewesen, sagt Florian F. Dass sie schon relativ früh nichts mehr zu zweit unternahmen, »daran kann ich nicht den Kindern die Schuld geben«. Es habe einfach nicht so gut gepasst. »Wenn wir aus medizinischen Gründen keine Kinder gekriegt hätten, hätten wir uns schon viel früher getrennt.«

Die Kinder! Freunde beschreiben den 54-jährigen Akademiker, der in Süddeutschland lebt, nicht nur als begeisterten, sondern als »begabten Vater«, der von Anfang an ein bemerkenswert gutes, liebevolles Verhältnis zu seinen beiden Kindern hatte, und der sich auch mit den Kindern anderer meist auf Anhieb gut verstand: Die Herzen der Kleinen flogen ihm zu. Dass seine Kinder zu Hause auszogen, fühlte sich für Florian F. trotzdem von Anfang an richtig an. »Sie haben beide nach dem Abitur noch ein Jahr lang größere Auslandsreisen gemacht, und als sie zurückkamen, war es Zeit für sie, auf eigenen Beinen zu stehen. Ich war darüber nicht traurig.« Er habe lieber angepackt und der Tochter geholfen, die neue Wohnung einzurichten. Inzwischen ist die Tochter selbst Mutter und wohnt nicht weit von ihren beiden Eltern entfernt.

Als auch der Sohn ausgezogen war, wurde Florian F. deutlicher bewusst, dass er sich mit seiner Frau nicht mehr wohlfühlte – jedenfalls nicht so, wie er es sich von einer Beziehung wünscht. »Ich habe dann eine andere Frau kennengelernt und gesagt: Jetzt ist Schluss! – Ich bin sehr froh«, sagt er. Auch die »Neue« hat Kinder, und die 49-Jährige ist seit zehn Jahren geschieden. »Unsere Beziehung war von vornherein nicht vom Wunsch nach Kindern geprägt«, sagt Florian F. Derzeit leben sie noch in zwei verschiedenen Orten, in 50 Kilometern Entfernung. Aus beruflichen Gründen und weil die jüngere Tochter seiner Partnerin noch zu Hause wohnt.

Florian F. sieht keinen dringenden Grund, sich von der Mutter seiner Kinder scheiden zu lassen. Er ist ein Mann, der als Beispiel für späte Trennungen nach der Familienphase taugt – doch in die Scheidungsstatistik geht sein »Fall« nicht ein. Mit seiner Noch-Ehefrau trifft er sich regelmäßig, sie sprechen über den Beruf, die Kinder. »Sie hat leider noch keinen neuen Partner«, berichtet er. Beide haben die Trennung sehr unterschiedlich erlebt. »Ich dachte, dass bei uns beiden die Gefühle unwiederbringlich erloschen sind, aber meine Frau sieht es anders, ihr geht es seit der Trennung schlecht, und das belastet mich.«

Als für ihn klar war, dass er mit seiner Freundin neu beginnen wollte, sprach er mit seiner Frau. »Wir haben ausgemacht, dass wir es zuerst den Kindern sagen, sie sollten es nicht von anderen erfahren.« Und wie reagierten die erwachsenen Kinder, die Mama und Papa nur als Paar kannten? »Es hat sie verstört, dass wir jetzt getrennte Wege gehen. Beide haben lange gebraucht, sich mit der

Situation zu arrangieren«, berichtet Florian F. Für die Kinder sei es vor allem schwierig, dass es seiner Ehefrau schlecht gehe. »Sie haben das Gefühl, dass sie ihre Mutter verletzen, wenn sie mit mir Kontakt haben«, vor allem, wenn die neue Partnerin bei den Treffen dabei ist.

Eine besondere Herausforderung ist – wie wohl in allen Patchworkfamilien – Weihnachten. »Im letzten Jahr war es schwierig. Meine Tochter hat mit ihrem Kind und Mann bei den Schwiegereltern gefeiert, mein Sohn war auf Reisen. Meine Frau war anfangs von der Vorstellung schockiert, ganz allein zu feiern. Dann ist sie kurzerhand zu ihren Eltern gefahren, die sich sehr gefreut haben.« Und dieses Jahr? Im Moment herrsche die Stimmung vor, gemeinsam feiern zu wollen: in dem Haus, in dem die Kinder groß wurden und in dem Florian F.s Frau noch lebt. In der alten Besetzung: Vater, Mutter und ihre zwei Kinder – um den Anhang erweitert. »Meine Partnerin ist in dieser Hinsicht sehr offen und lässt mit sich reden«, sagt Florian F. Irgendwann, in weiter Ferne, gibt es vielleicht eine »dauerhafte Lösung« für das Weihnachtsproblem.

Ihm gehe es jedenfalls deutlich besser, seit er sich von seiner Frau getrennt hat. »Ich habe unsere Beziehung vorher als frustrierend und aussichtslos empfunden. Es gab keine Lösung. Nun wünsche ich meiner Frau, dass auch sie jemanden findet und glücklich wird.« Was ist zwischen ihnen beiden falsch gelaufen? Eine schwierige Frage. »Im Nachhinein muss ich sagen, dass wir nicht zusammengepasst haben«, überlegt Florian F. Deshalb bereue er auch nicht, in der Beziehung etwas falsch gemacht und etwa den Fokus zu sehr auf die Kinder gelegt zu haben. Das Bedürfnis nach mehr Zweisamkeit sei bei ihm nicht aufgekommen. »Jetzt ist alles viel einfacher.« Fairerweise müsse er sagen: »Das liegt sicher auch daran, dass wir beide, meine Partnerin und ich, Erfahrungen mit gescheiterten Beziehungen haben.«

Dass er den Schlussstrich nicht früher gezogen hat, bereut Florian F. nicht. »Ich könnte jetzt sagen, ich habe 15 Jahre in einer schlechten Beziehung gelebt. Aber das sehe ich nicht so: Es war gut, die Kinder gemeinsam großzuziehen, es war eine schöne Zeit als Familie.« Als großen Vorzug seiner Ehe sieht er es an, dass seine Frau und er ähnliche Vorstellungen über die Erziehung und das Zusammenleben mit Kindern hatten. »Wir haben uns sehr gut ergänzt: Meine Frau ist vielleicht etwas gefühlvoller, ich war etwas konsequenter.«

Im Gespräch mit dem offenen, sympathischen 56-Jährigen drängen sich zwei Eindrücke auf. Erstens: Florian F. hat für sich ein neues Glück gefunden. Und zweitens: Es bleibt eine starke Verbindung zur Mutter seiner Kinder. »Da gibt es schon einen gewissen Stolz auf eine gemeinsame Leistung«, sagt er beim Abschied.

Liebespaar, erneut ohne Anhang

»Viele verlieren sich als Paar, wenn sie in der Elternrolle aufgehen«

Ein Gespräch mit den Paartherapeuten Monika Häußermann und Gerd Jakubowski über Elternschlafzimmer, Hausschlüssel und neue Lebenshorizonte

Zwei und zwei stehen sich die bequemen Korbstühle gegenüber. Monika Häußermann und Gerd Jakubowski sitzen auf der einen Seite, auf der anderen nimmt sonst ein Paar Platz, das in einer schwierigen Phase der Beziehung bei ihnen Rat und Hilfe sucht. Die beiden Therapeuten haben gute Erfahrungen damit gemacht, den unterschiedlichen Sichten der beiden Partner auch ihrerseits mit einem doppelten Blick zu antworten. Die Frau und der Mann, die beruflich ein gutes Paar bilden, arbeiten seit Jahrzehnten zusammen und haben unzählige Paare begleitet: Paare mit gemeinsamen Kindern, Paare in Patchworkfamilien, Paare ohne Kinder. »Wir verstehen uns als Vertreter des Liebespaars, dafür sorgen wir«, sagt Jakubowski.

Leidet das Paar, wenn die Kinder ausziehen? Ist das »Empty Nest« ein Thema für die Paartherapeuten? Meine Anfrage, darüber mit ihnen zu sprechen, sei für ihn zunächst befremdlich gewesen, gibt Jakubowski zu. »Meine erste Reaktion war: Das haben wir doch gar nicht!« Dann habe er überlegt, ob die Trauer über den Auszug der Kinder nicht eher ein weibliches Gefühl sei. Keine Sache für das Paar, sondern eine, die die Mütter allein bewegt. »Ich selbst habe mir schließlich tapfer verkniffen, meine Kinder festzuhalten.« Dabei zog sein Sohn schon mit 17 Jahren aus. Ist es für das Gelingen von Paarbeziehungen kein Thema, dass die Kinder aus dem Haus gehen?

»Indirekt schon«, überlegt Monika Häußermann. Ihr fällt ein Paar ein, dessen Tochter kurz zuvor ausgezogen war. Keiner der beiden klagte darüber. Aber sie äußerten unterschiedliche Vorstellungen von der gemeinsamen Zukunft: »Er hatte Phantasien von einer Wohngemeinschaft, die er gründen wollte, sie wünschte sich, dass ihr Mann und sie als Paar mehr unternehmen.« Auf je eigene Weise hätten beide unter der neuen Situation gelitten. Jakubowski und Häußermann erleben Ähnliches bei vielen Paaren, wenn einer oder beide gleichzeitig in den Ruhestand gehen. Es gibt nun mehr Zeit und Raum für die Beziehung. »Die Paare müssen sich als Paare wiederfinden«, sagt Häußermann. Viele seien jedoch so sehr in der Elternrolle aufgegangen, dass es ihnen schwerfalle, Anknüpfungspunkte dafür zu finden. »Wenn die Kinder zu sehr im Mittelpunkt stehen, kann es passieren, dass die Eltern sich verlieren.«

Das beobachten die beiden Therapeuten auch bei jüngeren Paaren, deren Kinder noch klein sind: Alles dreht sich um die Wünsche der Kinder, die Erwachsenen stehen zurück. Sie haben allenfalls das gemeinsame Schlafzimmer für sich, aber keinen Rückzugsraum für sich allein. »In einem Fall haben die Kinder im Lauf der Zeit sogar das elterliche Schlafzimmer für sich reklamiert, die Eltern schlafen seitdem im Kinderzimmer.« Jakubowsi mahnt eindringlich, seine eigenen Bereiche nicht aufzugeben, die Rolle als Erwachsener nicht zu verraten.

»Man darf den Status des Paares nicht verlieren. Die Kinder gibt es schließlich nicht ohne das Paar!« Das Paar brauche Freiräume – »und die Erlaubnis, sie haben zu dürfen«. Am liebsten würden die beiden Therapeuten solche Erkenntnisse schon werdenden und frisch gebackenen Elternpaaren in Seminaren vermitteln. Eltern kleiner Kinder brauchten Zeiten, in denen Babysitter auf den Nachwuchs aufpassen. »Gute Großeltern wissen das und gucken auf das Paar.«

»Paare, die für die Kinder viel aufgeben, können dabei aus der Sexualität rutschen und haben es dann schwer, den Faden wieder aufzunehmen.« Wenn man Elternpaare auffordere, sich die Intimsphäre zu bewahren, sich Bereiche zu sichern, die allein den Erwachsenen gehören, dann entstehe während der Therapiesitzungen oft eine »flirrende Atmosphäre«, allein bei der Vorstellung einer solchen Zweisamkeit, berichtet Häußermann. Jedes Paar brauche eine Vorstellung davon, wie man die Elternrolle gut erfüllen und trotzdem ein Paar bleiben kann. »Wenn das gelingt, ist auch das Loch nicht so groß, das durch den Auszug der Kinder entsteht.« Den Ausdruck »Empty Nest« findet Monika Häußermann, Mutter zweier erwachsener Töchter und Großmutter mehrerer Enkelinnen, übrigens befremdlich. »Das klingt so, als wäre da allenfalls noch ein schrumpeliger Rest zu finden.« Doch Menschen behalten im Unterschied zu Vögeln auch nach der Brutpflege gern ein gemütliches Heim.

Allerdings müssen menschliche Paare, betonen Häußermann und Jakubowski, in solchen Phasen des Umbruchs »Beziehungsarbeit« leisten, um sich weiterhin miteinander wohlzufühlen. »Das ist wie nach dem Zusammenziehen: Man muss Dinge aussprechen, die vorher von Verliebtheit überdeckt waren.« Wenn die Kinder ausziehen, sei der Blick auf die Beziehung erneut unverstellt: Wie möchte man den gemeinsamen Haushalt führen? Ergibt sich eine neue Aufgabenteilung? Und, weit grundsätzlicher: Was möchte man als Paar unternehmen und erleben? Was erwartet man vom Partner? Auch der Zeithorizont verändere sich.

Jakubowski und Häußermann stellen fest, dass in den letzten Jahren immer mehr ältere Paare zu ihnen kommen, die schon eine langjährige Ehe führen. »Die Frauen sind oft unzufrieden, weil ihre Männer nur zu Hause sitzen, seit sie in Rente sind, sie wünschen sich mehr kulturelle Unternehmungen«, berichtet Häußermann. Aus Einzeltherapien kennt sie die Fragen, die sich vor allem Frauen stellen: Wer bin ich, wenn ich keine Verantwortung mehr für die Familie trage? Welche Themen können mich begeistern? Wo liegen meine Leidenschaften? Einige Männer beschwerten sich, dass ihre Frau viel mit Freundinnen unterwegs sei. In Beziehungen mit »klassischer« Rollenaufteilung zeigten Männer im Ruhestand zudem »Papa ante portas«-artige Tendenzen, den Haushalt auf ihre Weise neu zu organisieren, so wie Loriot es in seinem gleichnamigen Film karikierte. »Oder sie treiben die Frauen ins Verreisen«, ergänzt Jakubowski. Kurz: Nicht allein die Lebenserwartung steigt, auch die Erwartungen an eine Beziehung im höheren Lebensalter. Manche verzweifeln, weil sie sehen, dass das Leben sich dem Ende zuneigt und so viele Wünsche unerfüllt geblieben sind. Depressionen im höheren Lebensalter sind häufig.

Die Paartherapeuten verstehen sich zwar als Anwälte der Paare, doch sie haben auch mit Fällen zu tun, in denen die Beziehung nicht mehr zu kitten ist. »Wenn es nur Verletzungen und Verachtung gibt und nichts Friedliches mehr möglich ist, ist eine Trennung die bessere Lösung«, sagt Gerd Jakubowski. Monika Häußermann und er haben aber auch die Erfahrung gemacht, dass der Gedanke an das Auseinandergehen eine Beziehung retten kann. Das wirkt paradox. »Doch wir empfehlen den Paaren manchmal, sich in die Trennung hineinzudenken. Das fördert oft die konstruktiven Seiten zutage.« In solchen Momenten werde dem einen oder der anderen möglicherweise nicht nur klar, dass ihn oder sie eine lange Geschichte mit dem Partner verbindet, sondern auch, dass Partner oder Partnerin im eigenen Leben nach wie vor eine wichtige Rolle spielen.

Dass es besonders viel zum Lebensglück beiträgt, wenn man

im Leben eines anderen Menschen eine solche Rolle spielt, hat Gerd Jakubowski in einer kleinen Umfrage in einer seiner Therapiegruppen herausgefunden. Dies lasse sich auf die Elternrolle übertragen, meint er: »Wenn die Kinder groß werden, hat man die herausgehobene Rolle als Vater oder Mutter nicht mehr. Das ist dann weg, unwiederbringlich.« Diese Einsicht mache den Auszug der Kinder mitunter schmerzlich, sie könne andererseits dazu beitragen, dass ein Paar sich als solches wieder wichtiger nimmt. Dass man sich, wenn die Kinder weg sind, wieder auf den »Lebensmenschen« besinnt, in dessen Leben man auf jeden Fall eine Hauptrolle spielen sollte.

Da fällt den beiden Paartherapeuten noch etwas ein: Oft behalten erwachsene Kinder den Schlüssel der Wohnung oder des Hauses der Eltern. »Mein Elternhaus« – das ist ein gängiger Begriff. Und es gibt, wie wir gesehen haben, 50-Jährige, die davon sprechen, dass sie »nach Hause« fahren, wenn sie ihre alten Eltern besuchen. Schön und gut, finden Häußermann und Jakubowski, doch über die Schlüsselfrage solle man im Familienrat durchaus sprechen, den Wohnungsschlüssel zu behalten sei keine Selbstverständlichkeit. »Und auch wenn erwachsene Kinder den Schlüssel haben, sollten sie bei ihren Eltern klingeln.« Die wohnen ja jetzt zu zweit. Nur wenn sie verreist sind und man die Blumen gießt, könne man ihre Wohnung »einfach so« betreten.

»Wir machen jetzt erst einmal Interrail für reifere Erwachsene«

Ein Gespräch mit Katja B. und Carl H. über vertauschte Rollen, bittersüße Traurigkeit beim Auszug der Kinder und die Aussicht auf eine spannende Zeit nach einer langen Reise

Vor 30 Jahren haben sie es schon einmal getan: Carl H. und Katja B. waren gemeinsam vier Monate auf Reisen. Carl war zu diesem Zeitpunkt schon mit dem Studium fertig, Katja stand vor dem Examen. Australien! »Es war eine phantastische Zeit«, erinnert sich Carl. Die beiden hatten noch keine Kinder, keine beruflichen Verpflichtungen, und die Reisekasse war nicht gerade üppig gefüllt.

Nun werden sie es wieder tun: gemeinsam unterwegs sein. Nur zu zweit, und nicht nur für die üblichen zwei, höchstens drei Urlaubswochen. Die Ethnologin Katja hat an ihrer Uni ein Forschungssemester und deshalb keine Lehrverpflichtungen und keine Anwesenheitspflicht, Carl überlässt das florierende Büro samt Angestellten erstmals für längere Zeit seiner Kollegin und Mitinhaberin.

Wir treffen uns kurz vor der Abreise. Katja hat schon zurechtgelegt, was sie einpacken möchte, denn alles soll in den großen Rucksack passen. Die Vorfreude ist ihr anzumerken, als sie erzählt: »Zum Anziehen nehme ich nur blaue Sachen mit.« Das vereinfache die Entscheidung: Schließlich soll alles zusammenpassen – und in den Rucksack passen muss es auch.

Rucksack statt Rollkoffer, das ist wichtig, denn das Paar reist mit Bahn, Bus und Fähre. Zuerst soll es nach Bari gehen, später nach Griechenland, dann über Mazedonien oder Bulgarien, Serbien oder Rumänien, Ungarn, Österreich oder die Slowakei und Tschechien zurück. Die beiden wollen sich ein wenig treiben lassen. In Deutschland, Italien und Griechenland werden sie zunächst mit einem Interrailticket reisen: Es gilt innerhalb von vier Wochen für zehn Reisetage. »Für den Rückweg haben wir noch kein Ticket, und vielleicht sind wir ja nach zwei Wochen wieder da«, sagt Carl mit einem Augenzwinkern. Auch wenn der sportliche Mann kein Raucher ist, sieht er dabei ein wenig aus wie der Typ in der Gauloises-Werbung: »Liberté toujours«.

»Eigentlich sind es vertauschte Rollen«, überlegt Katja. »Bei Interrail denkt man an junge Leute, aber jetzt fahren die Eltern damit, während die Kinder zu Hause bleiben und arbeiten.« Die Tochter der beiden bereitet sich derzeit in der Familienwohnung auf die Aufnahmeprüfung für das Medizinstudium vor. Sie ist ziemlich zuversichtlich, einen Studienplatz zu bekommen, doch dafür wird sie im Herbst umziehen müssen. Ihre Wunschliste für die Studienorte hat sie bereits zusammengestellt, einige Universitätsstädte, die infrage kommen, hat sie vorher gemeinsam mit ihren Eltern besucht. Ihr älterer Bruder studiert in einem anderen Bundesland. Auch er ist also fleißig, während die Eltern sich im Müßiggang üben. »Aber er hat zwischendurch ein wenig Luft und könnte uns in Griechenland besuchen«, überlegt Katja. »Die Vorstellung, dass er schnell mal per Flieger nachkommt, ist allerdings merkwürdig.«

Katja weiß jetzt schon, dass ihr die Kinder fehlen werden. »Ich glaube, ich würde mich noch mehr auf die Reise freuen, wenn sie dabei wären. Wir vier sind ein gutes Team.« Carl kann das nur bestätigen, setzt aber andere Akzente. »Ich finde gemeinsames Reisen auch wichtig. Doch die Kinder bleiben uns ja noch lange erhalten, wir können das auch später machen.« Das ist auch Katja bewusst, doch beschäftigt sie der Gedanke, dass sich schon vor dem Auszug der Tochter etwas in der Beziehung zu den Kindern verändert hat. »Es gab bei den letzten gemeinsamen Reisen Momente, in denen ich gemerkt habe: Hier stimmt etwas nicht mehr.« Inzwischen besteht die Familie aus vier Erwachsenen, die sich weiterhin sehr nahestehen und die Rollen von Eltern und Kindern nicht verlieren, diese Rollen aber nach und nach anders interpretieren müssen. Eine Zeit des Übergangs.

Im Zimmer des Sohnes wohnte gerade für einige Wochen ein 17-jähriger Junge aus Syrien, der zeitweise ein wenig mehr Struktur brauchte, um mit den schulischen Anforderungen klarzukommen. »Ein Leben ohne Sohn ist möglich, aber sinnlos«, hatte Katja zu ihrem leiblichen Sohn gesagt, um ihm die Sache zu erklären. Der fand es gut, dass seine Eltern den Jugendlichen aufnahmen. Carl und Katja haben ihrem zeitweiligen »Pflegekind« Stullen geschmiert und es an den Turnbeutel erinnert, sie haben mit seinen Lehrern gesprochen und ihn nach den Hausaufgaben gefragt. Während sie auf Reisen sind, wird der Junge wieder bei seiner Familie leben. Wie es im neuen Schuljahr weitergehen wird, steht noch nicht fest. Carl und Katja wissen noch nicht, ob sie die Aufgabe als zeitweilige Pflegeeltern weiterhin übernehmen wollen. Jeden Morgen um sechs aufstehen und einen Schüler wecken? »Vielleicht ist es auch mal gut«, sagt Carl. Auf jeden Fall habe das Zusammenleben mit ihrem Schützling ihnen geholfen, den Prozess des Abschieds von der aktiven Familienphase bewusster zu gestalten, überlegt Katja.

Es war nicht leicht. Als ihr Sohn zum Studium nach Nordrhein-Westfalen zog, begleiteten die Eltern ihn zum Studienort. »Glücklicherweise nicht mit der Bahn«, sagt Katja, »so konnten wir im Auto alle drei hemmungslos schluchzen.« Es sei eine »bittersüße Traurigkeit«, die einen in solchen Momenten befalle, sagt Carl. »Man freut sich auch, man spürt eine große Nähe und Verbundenheit, und man ist stolz darauf, etwas geschafft zu haben.« Er beschreibt den Gewinn der neuen Situation: »Man kann die Kinder besuchen, lernt dadurch einen neuen Ort kennen und schätzen, und neue Freundeskreise der Kinder.« Kurz: Es handle sich bei dieser Art von Traurigkeit um eine Melancholie, die anziehend wirke, »wie bestimmte Musikstücke, die eine traurige, zugleich aber gute Stimmung schaffen«. »Das stimmt«, sagt Katja und richtet einen sanften, freundlichen Blick auf ihren Mann. Es sei schön, solche Dinge gemeinsam zu erleben. »Deshalb haben wir den Umzug auch zusammen gemacht.«

30 Jahre gemeinsame Geschichte. Was die Familie auch zusammenschweißte, ist die chronische Krankheit des Sohnes, der mit sieben Jahren eine Form von Gelenkrheuma bekam – eine einschneidende Diagnose. Den Eltern wurde klar, dass ihr Kind eventuell sein Leben lang Medikamente nehmen muss. »Die emotionale Beziehung zu den Kindern hat dadurch eine neue Seite bekommen«, überlegt Carl. Der optimale Umgang mit der Krankheit wurde notgedrungen zum Familienprojekt. »Wir haben versucht, trotzdem ein normales Leben zu führen, die Krankheit ins Leben zu integrieren und stark zu bleiben.« Und

jeder der beiden Partner erlebte diese Zeit unterschiedlich, allein wegen der spannenden und fordernden Berufe. »Jeder hat seine eigene Geschichte«, betont Katja. Auch die Ablösung der Kinder erleben sie verschieden. Sie brauche zum Beispiel »immer wieder ein neues Date mit meinen Kindern«, also beim Abschied die konkrete Aussicht, sie bald wiederzusehen. Carl ist das weniger wichtig.

Gemeinsam ist beiden wiederum, dass sie auch ohne tägliche Sorge um die Kinder genug zu tun haben werden. »Ich falle nicht ins Nichts, ich falle in die Arme meiner Studenten«, sagt Katja fast fröhlich. »Nur-Familienmutter und -Hausfrau« war sie zu keinem Zeitpunkt, die Partner haben sich die familiären Aufgaben geteilt und zusätzliche Hilfe geholt. Für Zweisamkeit blieb zeitweise wenig Raum. Jetzt sind neue Aufgaben hinzugekommen: Carl macht sich Sorgen um seine alten Eltern. Er fährt häufig zu ihnen, unterstützt sie. Er empfindet derzeit sehr stark seine »Sandwich-Position« im Gefüge der Generationen. Schön sei, dass er dadurch ein neues Verhältnis zu seinem eher rationalen, kontrollierten Vater gefunden habe.

Katja, die jüngste von vier Schwestern, hat keine Eltern mehr. Sie erinnert sich im Gespräch daran, wie es war, als sie, das »Nesthäkchen«, von zu Hause wegging: »Meine Mutter stand wie eine Eins da und hat sich nichts anmerken lassen. Was muss sie empfunden haben?« Katja denkt darüber nach, dass ihre Mutter wirklich Familienmutter war: nie berufstätig, keine netten Studierenden oder Kollegen, auf die sie sich freuen konnte, wie ihre Tochter es nun tut. »Und *wir* weinen, wenn die Kinder ausziehen!«

Sehr traurig wirken die beiden in diesem Moment allerdings nicht. Carl empfindet das bevorstehende »Sabbatical« nach langer, ununterbrochener Verantwortung für sein Büro als Belohnung. »Das ist wie Ernte-Einfahren. Ich habe es mir ein bisschen verdient.« »Ich habe große Freude an dir«, entfährt es da Katja. Allein, dass er ihr gestern und heute Frühstück gemacht hat und sie es ohne Hetze genießen konnten.

Wie in Studentenzeiten wird es in den kommenden Monaten nicht zugehen, da sind sich beide sicher. »Ich bin ganz froh, in den letzten 30 Jahren erwachsen geworden zu sein«, sagt Katja. »Wir werden sicher viel Neues miteinander erleben, und da ist es gut, dass wir uns schon so gut kennen. Ich fahre auch in Bezug auf mich selbst mit größerer Sicherheit los.« Außerdem sei es schön, dass man nun mit gefüllter Reisekasse fahren könne. »Wenn uns ein Bed & Breakfast gefällt, dann müssen wir nicht schauen, ob es das Budget übersteigt.« »Und wir können uns zwischendurch auch mal ein Auto mieten«, sagt Carl. »Wir machen eben Interrail für Reifere.«

Im Gespräch hat jeder von beiden ein paar Gedanken geäußert, die der andere noch nicht kannte. »Was du so alles zu erzählen hast, Carl«, entfährt es am Ende Katja. »Da werden wir auf der Reise noch einige Gespräche haben.«

Single sein, Elternpaar bleiben

Katja und Carl sind inzwischen von ihrer großen Reise zurück. Der Alltag hat sie wieder, und es ist ein gemeinsamer Alltag. Für Florian F. fiel der Auszug der Kinder zeitlich mit der Trennung von seiner Frau zusammen. In dieser Phase gehen besonders viele Ehen in die Brüche. Einen kurzzeitigen Scheidungs-»Gipfel« verzeichnet die Statistik jedoch auch weit früher: wenn Paare erst eine einstellige Zahl von Jahren verheiratet und die gemeinsamen Kinder noch klein sind. Die Paartherapeuten Häußermann und Jakubowski erleben diese Situation häufig: Oft stehen die Kinder zu Beginn der aktiven Elternphase so sehr im Mittelpunkt, dass das Paar sich verliert.

Doch auch nach der Trennung oder Scheidung bleiben sie Eltern. Viele teilen sich die Betreuung der Kinder und müssen im Alltag zahlreiche Absprachen treffen. Bei jeder wichtigen Entscheidung, bei jedem »Event« in der Biografie der Sprösslinge bekommen die Erwachsenen, die sich das Sorgerecht für gemeinsame Kinder teilen, besonders intensiv zu spüren, dass Elternschaft dauerhaft verbindet. Feiert man den Kindergeburtstag zusammen? In welche Schule soll das Kind? Wie organisiert man die Feier zur Einschulung, gegebenenfalls auch zur Konfirmation oder Jugendweihe und später zum Schulabschluss? Und nicht zuletzt: Wer hilft den erwachsenen Kindern beim Umzug?

»Der Umzug wird eine Gemeinschaftsaktion«

Ein Gespräch mit Maria S. über die Schwierigkeit, trotz Trennung ein Elternpaar zu bleiben, den Vorgeschmack auf das »Empty Nest« in kinderfreien Wochen und den wachsenden Wert von Freundschaften

Morgen ist der große Tag: Ruth wird ausziehen, und das aus zwei Wohnungen, denn seit mehr als zehn Jahren lebt sie eine Woche bei der Mutter, eine beim Vater. Beide werden beim Umzug mithelfen. »Es wird eine Gemeinschaftsaktion«, sagt die Journalistin Maria S., Ruths 53-jährige Mutter. »Meine Tochter hat sich auch gewünscht, dass wir zum Abschluss gemeinsam essen gehen.« Heute, einen Tag vor dem Umzug, belastet Maria vor allem die Vorstellung, wie der morgige Tag verlaufen wird. Für weitergehende Gedanken wird der Kopf erst danach wieder frei sein, denn sie empfindet die Treffen mit ihrem Ex-Mann und dessen neuer Frau als angespannt und etwas verkrampft. »So waren unsere Begegnungen schon immer, und mit der Zeit ist das eher noch schlimmer geworden.« Maria hält die Partnerin ihres Ex-Mannes für zu besorgt und überbehütend. Wird das den Umzugstag und womöglich die Zeit danach überschatten? »Das ist ja etwas, das nie enden wird: der Wunsch der Kinder, dass wir Eltern uns besser verstehen.«

Als sie sich trennten, waren die Kinder noch klein. Beide Eltern wollten nach der Trennung weiterhin den Alltag mit ihnen erleben, beide fühlten und fühlen sich verantwortlich für ihr

Wohl. Der Weg, den sie für das familiäre Zusammenleben gefunden haben, heißt bei Familienforschern »Wechselmodell«. Ruth und ihr jüngerer Bruder Benjamin haben die regelmäßigen Umzüge zwischen den beiden Wohnungen nie grundsätzlich infrage gestellt, sie hängen an Vater und Mutter.

Dass Ruth jetzt auszieht, findet Maria in Ordnung. »Ihr Entschluss passt zu ihrer geistigen Reife.« Vor eineinhalb Jahren hat die Tochter Abitur gemacht, ist erst einmal für einige Monate »in der Weltgeschichte herumgefahren«, war in den USA und später in Südostasien. Seit einem Jahr ist sie wieder in Berlin, gibt Mathe-Nachhilfe und engagiert sich in einem Flüchtlingsheim. Vor drei Monaten hat sie mit dem Studium begonnen. Schon vorher hat sie aktiv nach einem Zimmer in einer Wohngemeinschaft gesucht – was in der Großstadt alles andere als leicht ist. Dass sich schließlich ein Zimmer in einer freundlichen WG fand, freut Maria sehr – zumal es Ruth von dort aus nicht weit zur Uni haben wird. »Einen kleinen Stich hat es mir aber doch versetzt, dass die Stiefmutter wieder ihre Beziehungen in die Waagschale geworfen hat.«

Wie auch immer: Das neue Zimmer ist klein, es werden also längst nicht alle Sachen aus den beiden »Kinderzimmern« mit umziehen. Und Ruth wird das Zimmer im Haus ihrer Mutter bis auf Weiteres behalten, denn dort ist genug Platz. Maria plant zunächst keine großen Veränderungen. Allerdings vermutet sie, dass es bis zum nächsten familiären Einschnitt nicht sehr lange dauern wird: »Benjamin macht nächstes Jahr Abi. Ich denke, er wird relativ schnell ins Ausland gehen. Er hat etwas in seinem Wesen, das mich dazu bringt, ihn schon weit weg zu sehen.« Ob sie auf lange Sicht und ohne Kinder in ihrem Haus bleiben wird, kann sie noch nicht sagen.

Maria merkt, dass ihrem Sohn der Auszug der Schwester durchaus etwas ausmacht: »Er liebt seine Schwester. Und es schweißt zusammen, wenn man jede Woche gemeinsam zwischen den Eltern hin und her wechselt.« Umso schneller wird er ihrer

Einschätzung zufolge nach dem Abi und einigen Auslandsreisen ebenfalls ausziehen. Wie sich das anfühlen könnte, davon hat Maria in den letzten Jahren schon jede zweite Woche am Montagmorgen einen Vorgeschmack bekommen: wenn der Abschied von den Kindern anstand. Wenn sie wusste, dass die beiden in der nächsten Woche nach der Schule nicht zu ihr, sondern zu ihrem Vater nach Hause gehen würden.

Jahrelang hat sie ihre Wochen vorwiegend unter dem Gesichtspunkt geplant, ob die Kinder bei ihr sein würden, hat Treffen mit Freunden in die »kinderfreie« Woche gepackt und an den Montagabenden, an denen die Kinder wieder zu ihr kamen, etwas Besonderes gekocht. Auch am Zustand des Kühlschranks bemerkte man, ob die Kinder erwartet wurden: Er war dann »familienvoll«.

In der letzten Zeit jedoch hat Maria bewusst einiges verändert: Sie trifft sich nun auch in der »Kinderwoche« mit Freunden, wenn es sich ergibt, und sie lässt ihre Tanzgruppe nicht mehr ausfallen. Sie steht dazu, dass ihr all dies wichtig ist. »Am Anfang gab es Irritationen, wenn ich angekündigt habe, dass ich abends nicht da sein und auch nicht kochen werde. Inzwischen ist es glücklicherweise in Wohlwollen umgeschlagen.« Vielleicht hat es sogar dazu beigetragen, dass Maria ihre Tochter nun als »gute Köchin« bezeichnen kann? Auch ihre Urlaubspläne für den nächsten Sommer hat sie »komplett von den Kindern abgekoppelt«. Tochter und Sohn haben eigene Pläne. »Und ich möchte es ihnen einfacher machen zu gehen.«

Gar nicht einfach war es für Maria selbst im ersten Moment, als Ruth ihr eröffnete, dass sie ein WG-Zimmer gefunden habe und demnächst ausziehen werde. Da war sie gerade mit ihrem Sohn von einem Kurztrip nach London zurückgekommen. »Ich war richtig traurig. Darüber war ich selbst erstaunt: Ich musste mit einem Gefühl umgehen, das ich so gar nicht haben wollte.« Sie hatte sich doch vorbereitet, ihre Kinder zur Selbständigkeit erzogen und die kinderfreien Wochen auch genossen. »Doch in dieser Situation wusste ich immer: Am nächsten Montag sind sie wieder da! Wenn jemand auszieht und seine Sachen mitnimmt, verändert sich hingegen etwas. Ich möchte nicht esoterisch sein: Doch wenn jemand auszieht, geht auch eine Aura, ein bestimmter Geruch. Und davor habe ich schon ein wenig Angst.«

Maria ist eine ausgesprochen reflektierte Frau, die sich bemüht, nach Maßstäben zu leben, die sich bei ihr aufgrund eigener Überlegungen und ihrer Lebenserfahrung herausgebildet haben. Sie hat sich früh vorgenommen, ihr eigenes Leben zu leben – anders als ihre Mutter, die sie als emotional abhängig von Mann und Tochter beschreibt. »Ich war die einzige Tochter, und als ich mit 19 ausgezogen bin, hat meine Mutter ihre Aufgabe verloren. Sie hatte sich nicht darauf vorbereitet und hat mich das sehr spüren lassen. Diese Negativerfahrung hat mir viel Motivation gegeben, es einmal anders zu machen. Das kommt mir jetzt zugute.« Maria rechnet es ihren Eltern hoch an, dass sie ihren Auszug nicht verhindert und sie bei ihren Vorhaben – Ausbildung, später Studium – sehr unterstützt haben. Es war ja, anders als bei ihrer eigenen Tochter, die in der Großstadt groß geworden ist, nötig, dafür den Ort zu wechseln. Das akzeptierten ihre Eltern.

Nun ist Marias alte Mutter nach dem Tod ihres Mannes in die Nähe der einzigen Tochter gezogen, in ein Seniorenheim im Berliner Südwesten. Die 84-Jährige nimmt Anteil am Leben von Tochter und Enkeln. »Sie bekommt alles mit und hat auf die Umzugspläne von Ruth komplett positiv reagiert.« Ob und wie sie sich an Marias Auszug erinnert? Maria weiß es nicht. »Danach muss ich sie unbedingt fragen.«

Als Maria von zu Hause wegging, blieb ihrer Mutter als Hausfrau die Aufgabe, ihren Ehemann zu versorgen, für ihn zu waschen, zu bügeln, zu kochen. Und es blieb ihr seine Gesellschaft. Auch Marias Ex-Mann wird weiterhin in einem Mehrpersonenhaushalt leben, wenn Ruth und später Benjamin nicht mehr bei ihm wohnen. Er ist wieder verheiratet, seine Frau hat Kinder mit in die Ehe gebracht, die zumindest jetzt noch bei dem Paar leben.

Bei Maria sieht es anders aus: Es ist noch nicht allzu lange her, dass sie sich von ihrem Freund getrennt hat, mit dem sie sechs Jahre zusammenlebte. »Danach wurde mir noch bewusster: Ich muss dafür sorgen, Sachen zu finden, die mir gut tun!« Neben Yoga und der Tanzgruppe gehören vor allem Gespräche mit Freunden dazu. »Ich habe in den letzten Jahren Kontakte intensiviert und mich anders auf Freunde eingelassen«, stellt sie fest. Wichtigster Bestandteil ihres Alltags ist wohl der Beruf als Journalistin, den sie in dem Maß ausbauen konnte, wie ihre Kinder selbständiger wurden. Das bedeutet jede Menge Recherchetermine, aber auch arbeitsame Stunden in ihrem Büro zu Hause unter dem Dach.

Nicht alles geht noch im Leben, wenn man knapp über 50 ist. Kinder wird man zum Beispiel nicht mehr bekommen, diese Lebensphase kommt nicht wieder. »Manche Türen sind zu«, stellt Maria nüchtern fest – um gleich hinzuzufügen: »Das ist auch eine Riesenchance. An manchen Tagen, nicht an allen, sehe ich ein riesiges Potenzial vor mir.«

»Sich oft sehen und plaudern
und gegenseitig besuchen, ist eine Freude;
zusammen leben ist immer eine Gefahr.«

Theodor Fontane

Sechstes Kapitel

Hilfestellung beim Flüggewerden. Check-out aus dem »Hotel Mama«

Von Nesthockern und Helikoptereltern. Wenn erwachsene »Kinder« nicht ausziehen

In Filmkomödien und TV-Serien wie *Hotel Mama*, von denen es in den letzten Jahrzehnten eine Reihe gab, ist es vor allem Bequemlichkeit, die erwachsene Kinder dazu verlockt, im Kinderzimmer wohnen zu bleiben: Die Eltern kümmern sich um die Wäsche und das Essen – von der Miete und weiteren Scherereien, die mit einer eigenen Bleibe einhergehen, ganz zu schweigen. Die »Nesthocker« sind in diesen Filmen stets Söhne.

In Etienne Chatiliez' Spielfilm *Tanguy – Der Nesthocker* aus dem Jahr 2001 sieht der Protagonist, ein 28-jährige Sinologiestudent, keine Veranlassung, die ungleiche Wohngemeinschaft mit seinen arbeitsamen Eltern »vorzeitig« zu verlassen. Der vielseitig gebildete junge Mann beruft sich gar auf das im französischen Code civil festgelegte Bleiberecht nach Artikel 203. Dass er sein Bleiben als Recht versteht, nicht als lästige Pflicht, ist bemerkenswert: Es hat mit dem unproblematischen, für ihn (anders als für seine elegante Maman und seinen umtriebigen Papa) stressarmen Verhältnis zu den toleranten, aufgeschlossenen Nach-68er-Eltern zu tun. Der Student kann kommen und gehen, wann er will, er darf jederzeit seine wechselnden Freundinnen mitbringen.

Tatsächlich ist das Verhältnis der Generationen heute so harmonisch wie kaum jemals zuvor: In der 17. Shell-Jugendstudie aus dem Jahr 2015 gaben mehr als 90 Prozent der befragten Jugendlichen an, ein gutes Verhältnis zu ihren Eltern zu haben. Drei Viertel der befragten 12- bis 25-Jährigen würden ihre Kinder ähnlich oder genauso erziehen wie ihre eigenen Eltern sie. Dieser Wert lag im Jahr 1975 bei 57 Prozent und hat seitdem stetig zugenommen. Der Sozialwissenschaftler Klaus Hurrelmann spricht von »Konsens statt Auflehnung«.

Auch in den Gesprächen, die ich für dieses Buch führte, ist immer wieder von familiärer Harmonie die Rede. Mehrere meiner Gesprächspartner betonten, die selbst hätten seinerzeit sobald wie möglich die Flucht aus der Enge ihres Elternhauses angetreten: Dort gab es immer wieder unerfreuliche politische Diskussionen, von Nazi-Zeit bis Nato-Doppelbeschluss, Freund oder Freundin durften nicht im Jugendzimmer übernachten, die Eltern monierten den Musik- und den Kleidergeschmack ihrer Kinder. Kurz: Das Zusammenleben war für die jungen Erwachsenen keine reine Freude. Sie wollten vor allem eines: So schnell wie möglich weg aus dem als spießig und engstirnig empfundenen Elternhaus.

Zwischen 1972 und 2016 hat sich das offensichtlich gründlich geändert: Der Anteil der Menschen Mitte 20, die noch bei ihren Eltern wohnen, hat sich in diesem Zeitraum jedenfalls fast verdoppelt, er stieg von 20 auf fast 40 Prozent. Und die Daten des Statistischen Bundesamtes zeigen, dass der Trend in den 1990er Jahren nicht zum Stillstand kam: Erwachsene Kinder ziehen heute drei bis vier Jahre später zu Hause aus als im Jahr 1990. Im Durchschnitt packten sie 2017 mit 23,7 Jahren ihre Sachen, wobei die jungen Frauen mit 22,9 schneller waren als die jungen Männer mit 24,4 Jahren.

Die Zahlen sind allerdings mit Vorsicht zu genießen, wie der Familiensoziologe Günter Burkart von der Leuphana Universität Lüneburg zu bedenken gibt: Er sieht Probleme mit der Art, wie sie ermittelt werden, nämlich anhand der Meldedaten. »Studierende sind vielleicht noch zu Hause gemeldet, haben dort auch ein Zimmer, das sie nutzen, wenn sie zu Besuch kommen, aber von ›zu Hause leben‹ kann dabei wohl kaum die Rede sein«, sagt Burkart. Außerdem gebe es Grenzfälle wie die Einliegerwohnung für Sohn oder Tochter im Einfamilienhaus der wohlhabenden Eltern. Wohnen diese jungen Erwachsenen nun noch zu Hause oder schon in der eigenen Wohnung?

Fest steht: Hierzulande sind die jungen Leute immer noch früh dran mit dem Ausziehen. Allesamt ziehen sie in Deutschland früher aus als junge Leute in Italien (Frauen: 29,1 Jahre, Männer: 31,2 Jahre), wo das »Albergo Mamma« besonders beliebt zu sein scheint. Aber auch in Griechenland, Bulgarien und der

Türkei bleiben »Kinder« deutlich länger zu Hause wohnen als in Deutschland. Der EU-Durchschnitt für beide Geschlechter lag 2017 deshalb bei 26 Jahren. Eine Umfrage von YouGov ergab, dass dies in Deutschland viele als spät empfinden: Zwei Drittel der Deutschen sagen, dass der Nachwuchs mit 25 Jahren ausgezogen sein sollte.

Der Gang vor Gericht

»Michael, nach einer Diskussion mit deiner Mutter haben wir entschieden, dass du das Haus sofort verlassen musst. Du hast 14 Tage, um auszuziehen. Es wird dir nicht erlaubt sein, zurückzukehren. Wir werden alles Nötige tun, um diese Entscheidung durchzusetzen.« Das Nötige, das der Vater aus der Kleinstadt Camillus im US-Bundesstaat New York dem 30-Jährigen in diesem Brief ankündigte, war laut *New York Post* der Gang vor Gericht. Die Richter stimmten den Eltern zu, die ihrem Sohn elf Tage später schließlich die »Zwangsräumung« aus dem elterlichen Haus ankündigten. »Du warst bislang unser Gast, und es gibt keinerlei Papiere, die dir rechtmäßig erlauben, ohne unsere Zustimmung hier zu wohnen.« Michael solle sich einen Job suchen, davon gebe es selbst für Leute wie ihn genug. Der junge Mann zahle keine Miete, helfe nicht bei der Hausarbeit und schlage alle Hilfsangebote für den Auszug aus, klagten die Eltern gegenüber der Presse. Der Filius wiederum kündigte an, in Revision zu gehen. Ob er damit Chancen hat, war im Dezember 2019 noch unklar.

Wer sind die Spätauszieher?

Michael war keinesfalls immer »Gast« im Haus seiner Eltern, wie diese vor dem Richter argumentierten. Denn zu Beginn seines Lebens schuldeten ihm seine Erzeuger die Sorge um sein leibliches und seelisches Wohl. Die Frage ist allerdings: Wann endet diese Pflicht? Darüber können Juristen trefflich streiten.

Mindestens genauso spannend sind die Charakteristika der erwachsenen »Kinder«, die diese Zeitspanne ausreizen wollen. Warum sie die elterliche Wohnung nicht verlassen, obwohl dies im allgemeinen Verständnis einen Schritt in die Selbständigkeit bedeutet, ist erklärungsbedürftig. Dass Söhne oft erst bei Mama ausziehen, wenn sie eine Freundin gefunden haben, zeigt eine Untersuchung, die Wolfgang Lauterbach und Kurt Lüscher von der Sozialwissenschaftlichen Fakultät der Universität Konstanz im Jahr 1999 veröffentlicht haben. Sie sind im Forschungsschwerpunkt »Gesellschaft und Familie« der Frage nachgegangen »Wer sind die Spätauszieher?«. Die Sozialwissenschaftler nutzten die Daten des bereits erwähnten Sozio-oekonomischen Panels (SOEP). In der Untersuchung zeigte sich, dass vor allem für junge Männern Partnerschaften ein zentraler Grund sind, um einen eigenen Hausstand aufzubauen. »Zusammenfassend kann formuliert werden, dass junge Männer, die bis in die zweite Hälfte der dritten Lebensdekade bei den Eltern leben, sehr häufig keine Partnerin haben.« Bei jungen Frauen spielen Partnerschaften zwar ebenfalls eine wichtige Rolle, es gibt aber viele, die sich auch ohne Partner in jüngeren Jahren ein eigenes Nest bauen. Für junge Männer scheint das schwerer zu sein. Der Hamburger Psychologe Michael Thiel berichtet in einem *Spiegel*-Interview sogar, mehrere junge Männer hätten zu ihm klipp und klar gesagt: »Ich ziehe erst aus, wenn ich eine Freundin habe, die so ist wie Mama.« Immerhin waren sie ehrlich! Wie weit verbreitet diese Einstellung ist, sei dahingestellt.

Generation ziemlich beste Freunde?

Die Journalistin, Buchautorin und Mutter von vier Kindern Gerlinde Unverzagt leiht sich den Titel ihres Buches von dem erfolgreichen französischen Film *Ziemlich beste Freunde,* in dem zwei denkbar unterschiedliche Männer – ein wohlhabender Rollstuhlfahrer und sein in diesem Beruf noch völlig unerfahrener Pfleger – zaghaft eine wunderbare Freundschaft beginnen. Unverzagts These bezieht sich jedoch auf ein ganz anderes menschliches Verhältnis: Sie geht von der Beobachtung aus, dass Eltern und Kinder heute im Normalfall ein weit freundschaftlicheres Verhältnis verbindet als noch vor einigen Jahrzehnten. »Nicht im Traum wäre mir eingefallen, mit meiner Mutter in die Sauna, ins Kino oder zum Pilates-Kurs zu gehen.« Die Autorin, Jahrgang 1960, sagt es deutlich: »Wir fanden an unseren Eltern alles schlimm.« Kleidung, Musikgeschmack, politische Orientierung – »da gab es keine Überschneidung und schon gar keine gemeinsamen Interessen«. Sie beschreibt damit eine kollektive Erfahrung der westdeutschen Generation der Babyboomer, die durch die Nachwirkungen der 68er-Bewegung geprägt ist. Eine Erfahrung, die viele meiner Gesprächspartner teilen.

Unverzagt leitet daraus ab, dass es früher leichter war, selbständig und erwachsen zu werden. »Die Abnabelung von den Eltern, die wir erlebt haben, ging glatter, weil die Grenzen klar gezogen und die Fronten abgesteckt waren.« Es sei leichter, sich von einer harten Wand als von einem weichen Kissen abzustoßen. So gesehen liege eine Gefahr darin, »ziemlich beste Freunde« zu sein – oder sich im Extremfall als Teil eines Paares zu fühlen. Wie die von Unverzagt zitierte alleinerziehende Mutter, die allen Ernstes sagte: »Mein Sohn ist der Mann meines Lebens.«

Ich stimme Gerlinde Unverzagt in diesem Punkt teilweise zu. Die Abnabelung wird auch dadurch erschwert, dass einige Eltern ihre erwachsenen Kinder nicht aus den Augen lassen. Einige der viel zitierten Helikoptereltern sollen sogar mit in die Erstsemester-Einführungswoche gehen. Solche Mütter und Väter kenne ich zwar nur aus Zeitungsberichten, doch mir sind Mütter bekannt, die stündlich danach schauen, ob ihr in einer anderen Stadt studierender Sohn gerade bei WhatsApp aktiv ist – und ihnen zurückschreiben könnte. »Digitale Nabelschnur«, kommentiert Unverzagt sehr treffend.

Doch lassen wir die Kirche im Dorf: Auch früher gab es Mütter, die ihre erwachsenen Kinder kontrollierten. Sie lasen heimlich deren Briefe oder Tagebücher, statt im Handy ihres Kindes die Chats zu überprüfen. Und: Früher gab es zwar noch keine Pilates-Kurse, aber es gab durchaus Töchter, die gern mit ihrer Mutter ins Kino gingen. (Dazu bekenne ich mich persönlich.)

Und noch etwas, das mir nicht unwesentlich erscheint: Auch früher litten Eltern, wenn ihre Kinder auszogen. Auch in den 70er, 80er und 90er Jahren des vorigen Jahrhunderts mögen sich vor allem Mütter eine gewisse Nähe zu ihren erwachsenen Kindern gewünscht haben. Das haben die Kinder – wie Kinder eben sind – allerdings oft nicht gemerkt: Es ist nur verständlich, wenn man das Leben noch vor sich hat und alle Kraft braucht, um mit den eigenen Plänen und der eigenen Unsicherheit fertigzuwerden.

Heute sind die jungen Erwachsenen von damals, die sich vielleicht mit ihrem Vater über Politik stritten und ihre harmoniebedürftige Mutter allzu bieder und angepasst fanden, selbst Eltern. Und sie fragen sich – wie einige meiner Gesprächspartner – womöglich, wie es ihren eigenen Eltern damals ging, an dem Tag, als sie mit einem Teil ihrer Habe die Bleibe wechselten, ins Studentenwohnheim, das möblierte Zimmer oder eine WG zogen. Nimmt man die Perspektive dieser Generation ein, die im Krieg jung war, dann ist es traurig, wie wenig Nähe sie oft zu den erwachsenen Kindern hatten, die doch ihre Hoffnungsträger in einer von Wohlstand geprägten Zeit waren. Wie sich in fast allen Gesprächen für dieses Buch zeigte, sprechen wir hier von einer Müttergeneration, die kein großes Drama aus dem Auszug der Kinder machte – sondern still litt.

Was die Empathie mit den eigenen Eltern betrifft, geht eine junge Kölner Rockband mit gutem Beispiel und einem Song über das Thema »Empty Nest« voran: »Du warst allein zu Haus, hast mich vermisst, und dich gefragt, was du noch für mich bist«, heißt es in »Oft gefragt« von AnnenMayKantereit.

Wenn junge Erwachsene heute spät ausziehen, ist daran keineswegs nur das gute Verhältnis zu den Eltern »schuld«. Für viele sind es schlicht Kostengründe. Sie verdienen noch nichts oder kaum etwas, ein erschwingliches WG-Zimmer ist schwer zu finden. Andere haben schon etwas eigenes Geld, wollen sich die Miete aber lieber sparen, etwa, um sich ein eigenes Auto leisten zu können.

Besonders lange bleiben junge Männer zu Hause wohnen, denen es zu Hause materiell sehr gut geht, was sicher durch ein harmonisches Miteinander der Generationen befördert wird. »Den stärksten Einfluss darauf, erst nach dem 26. Lebensjahr einen eigenen Haushalt zu gründen, hat die finanzielle Situation des Elternhauses«, schreiben Wolfgang Lauterbach und Kurt Lüscher. »Mit zunehmendem Einkommen der Eltern, damit mit zunehmender Wohlstandsposition erhöht sich die Wahrscheinlichkeit um das 13fache, daß Söhne erst nach dem 26. Lebensjahr einen eigenen Hausstand gründen.« Es sind, so zeigte sich in ihrer Untersuchung zu den »Spätausziehern«, häufig junge Erwachsene, denen die Eltern viel Wohnraum, Komfort und sonstige Unterstützung bieten. Den Autoren zufolge schieben sie »aus pragmatischen Gründen« die Gründung eines eigenen Hausstandes auf.

In ihrem Untersuchungszeitraum, Ende der 1990er Jahre, lebten mit 21 Jahren noch 80 Prozent der Söhne und 65 Prozent der Töchter im elterlichen Haushalt. Mit 25 Jahren waren es noch mehr als die Hälfte der Söhne und jede vierte Tochter. Dass Studenten und Studentinnen früher ausziehen als junge Menschen, die eine andere oder keine Ausbildung beginnen, wirkt plausibel, denn viele Studienwünsche lassen sich nicht im Wohnort der Eltern verwirklichen. Trotzdem bleibt eine kleine Gruppe von jungen Erwachsenen auffallend lange im Elternhaus wohnen: nämlich junge Männer und Frauen, deren Mutter oder Vater verwitwet ist. Die Soziologen sprechen von »Bindungs- und Unterstützungsgründen«, die in diesen Fällen die jungen Menschen zu

Hause halten: Die erwachsenen Kinder wollen den verwitweten Elternteil nicht allein lassen.

Dass umgekehrt auch einige erwachsene Kinder weiterhin Unterstützung brauchen und sich noch zu stark gebunden fühlen, um auszuziehen, thematisiert die Psychologin und Psychotherapeutin Christiane Wempe. Sie sagt: »Der Spätauszug ist der Endpunkt einer verzögerten Ablösung.«

Arbeit an der Nestablösung

Der Arzt und Psychotherapeut Helmut Schulze sieht in seinem Buch über den *Nesthocker Mensch* die Ursache vieler psychischer Fehlentwicklungen darin, dass Menschen sich oft nur schwer aus dem Nest ihrer Herkunftsfamilie lösen können: Sei es, dass sie in schädlicher Weise von ihrer Familie abhängig bleiben oder dass sie Partner suchen, die ihnen solche kindliche Abhängigkeit weiterhin erlauben.

Sein Ansatzpunkt: Weil er auf »Unspezialisiertheit spezialisiert« ist, wie der Verhaltensforscher Konrad Lorenz es ausdrückte, muss der Mensch bekanntlich besonders lange lernen, bis er selbständig leben kann. Die Ablösung von den Erwachsenen, der Weg in die Selbständigkeit nach Jahren der Abhängigkeit und Anhänglichkeit seien deshalb besonders schwer, meint Schulze.

Sie zu ermöglichen, sei der Sinn der Initiationsriten in traditionellen Gesellschaften. Insofern hebt er die Rituale der »Mannbarkeit« (seltener auch der »Fraubarkeit«) hervor, die mit Mutproben, wochenlanger sozialer Isolation und gezielten Belehrungen einhergehen und zu »tiefreichenden seelischen Erschütterungen führen, was auch der Zweck der ganzen Veranstaltung ist«. Konfirmation, Firmung und auch die Jugendweihe oder die jüdische Bar-Mizwa könne man als moderne, eher von Geschenken als von Angst und Schrecken geprägte Entsprechungen dazu ansehen. Auch die Walz, die Wanderschaft, auf die Handwerksgesellen in

Europa früher gingen, oder die weiten Fußwanderungen fahrender Scholare zu entfernten Universitäten betrachtet Schulze als notwendige psychische Reifungsperioden für junge Menschen. Als zeitgenössisches Pendant können wir Auslandsaufenthalte während der Schulzeit betrachten.

Schulze fürchtet, dass moderne Gesellschaften zu wenige Ablösungsangebote machen. Psychotherapie muss in seinen Augen deshalb auch »Nestablösungsarbeit« sein. Besonders bemerkenswert: Sein Buch stammt aus dem 1970er Jahren, als von Helikoptereltern und »Generation ziemlich beste Freunde« noch keine Rede war.

Praktisch gesehen ist die »Nestablösung« oft kein einmaliger Akt: Kinder ziehen aus und wieder ein, etwa nach Auslandsaufenthalten oder Praktika oder nach dem Scheitern einer Beziehung. »Generation Bumerang«, kommentiert Psychotherapeutin Christiane Wempe nüchtern.

»Wenn man es endlich verkraftet hat, dass sie weg sind, kommen sie wieder«

Ein Gespräch mit Monika M. über den frühen Auszug und die unverhoffte Wiederkehr ihrer Tochter, den Rückfall in alte Rollen und ein distanziert-verträgliches Miteinander

Ein Beispiel für die Wiederkehr nach einem Auszug ist Sarah. Sie hatte schon eine Ausbildung als Erzieherin in der Tasche, ihr Studium der Sozialpädagogik näherte sich dem erfolgreichen Abschluss, als sie wieder bei ihrer Mutter und deren zweitem Mann einzog, in die Dachgeschosswohnung, die sie schon als Schülerin bewohnt hatte. In den Jahren zuvor hatte Sarah im – ebenfalls recht geräumigen – Haus der Großeltern gewohnt. Auch ihr Freund war oft dort, ein Jurastudent. Zweieinhalb Jahre dauerte die Beziehung, dann trennte der junge Mann sich von ihr. Sarah litt. Der Liebeskummer brachte die Studentin so anhaltend durcheinander, dass die Großmutter sich nicht in der Lage sah, diese Krise aufzufangen. So zog Sarah zurück zu ihrer Mutter.

»Richtig abgedreht« sei die Tochter in dieser Phase gewesen, berichtet Monika M. Der tatkräftigen Frau aus Oberbayern, die seit Jahrzehnten in einem Krankenhaus arbeitet und dort fast täglich schwierige Situationen meistern muss, wurde es einige Male angst und bange. »Es war für meine Tochter eine schlimme Zeit«, sagt sie heute. Auch für sie und ihren Mann war es nicht einfach, ausgerechnet in einer solchen Ausnahmesituation wieder mit der jungen Frau unter einem Dach zusammenzuleben.

Um die besondere Lage der Familie zu verstehen, muss man ein paar Jahre zurückgehen. Denn Sarah ist nicht einfach ein behütetes Kind, das sich nie weit vom »Hotel Mama« entfernt hätte. Und Monika M. wurde von ihrer Tochter schon einmal in eine Krise gestürzt. Sarah wurde zu früh flügge: Als sie 17 war und noch in die Schule ging, verliebte sie sich in einen deutlich älteren Mann, dessen Herkunft und Aktivitäten für die Eltern undurchschaubar blieben. Auf die Sorgen, die sich Monika M. und ihr Ex-Mann, Sarahs Vater, damals machten, reagierte das Mädchen genervt, schließlich zog sie Knall auf Fall aus. Wie sich bald herausstellte, lebte sie von nun an mit ihrem Freund (der bald ihr Mann wurde) in nur 15 Kilometern Entfernung, besuchte weiter die Schule, machte Abitur, begann die Ausbildung als Erzieherin. »Doch dreieinhalb Jahre war absolute Funkstille zwischen Sarah und uns Eltern«, berichtet Monika M.

Gleich nach dem Auszug hatte die Mutter die Polizei alarmiert. »Wollen Sie Ihre Tochter anbinden?«, hatten die Beamten gefragt, und darauf verwiesen, dass die junge Frau ohnehin bald volljährig sei. Da wurde der Mutter klar, dass sie »nicht nur keinem Mann, sondern auch keinem fast erwachsenen Kind« nachlaufen würde. Auch nicht ihrer einzigen Tochter. Nur ein Mal sei sie an deren Haus vorbeigefahren, habe die roten Vorhänge gesehen, aber nicht geklingelt, erzählt sie. Sie hatte schließlich ihren Beruf, ihren Mann, ihre Freundinnen, ihren Sport, ihren Chinesisch-Kurs. Und nicht zuletzt half eine Psychotherapie ihr, mit dem Verlust zu leben – und mit dem nagenden Gefühl, mit der einzigen Tochter nicht klargekommen zu sein. Sie zwang sich, nicht aktiv den Kontakt zu suchen. Und führte trotzdem ein ausgefülltes Leben. Erstaunlich, dass Mutter und Tochter sich in der ländlichen Gegend kein einziges Mal über den Weg liefen.

Schon wenn alles zivilisiert verläuft, kommen die wenigsten um den Abschiedsschmerz herum: Wenn der Vater den Kleintransporter fährt und den Sohn samt Umzugskisten und ein paar Möbeln in die Universitätsstadt kutschiert, wo er mit seinem Studium beginnen wird, wenn die Mutter mit der Tochter das WG-Zimmer begutachtet, in das diese demnächst einziehen wird, dann begleiten die Eltern, wie wir gesehen haben, meist wehmütige Gefühle. Viel, viel schwieriger gestaltet sich alles, wenn Jugendliche oder gerade erwachsen Gewordene von einem Tag auf den anderen den Kontakt zu ihren Eltern abbrechen – und das nach einer »ganz normalen« Kindheit und Jugend, in der die Eltern für sie sorgten, Windeln wechselten, trösteten, sie in die Kita und die Schule brachten, unzählige Schulbrote schmierten, für etliche Sankt-Martins-Umzüge Laternen mit ihnen bastelten, bei Handballspielen Fahrdienste und das Anfeuern der Mannschaft übernahmen, in der Pubertät Nachsicht gegenüber unaufgeräumten Jugendzimmern übten und sich auf dem Sofa hundemüde und sorgenvoll die Nächte wartend um die Ohren schlugen, bis endlich das »Kind« nach Hause kam. Mütter und Väter, die unter dem für sie unverständlichen, »aus heiterem Himmel« kommenden Kontaktabbruch ihrer Kinder leiden, suchen seit einigen Jahren Verständnis und Rat bei anderen Betroffenen, etwa in der Selbsthilfegruppe »Verlassene Eltern«. Dort engagierte sich auch Monika M., als sie ihre 17-jährige Tochter aus den Augen verlor.

Doch manchmal, vor allem wenn die Kinder bei ihrem Weggang noch minderjährig waren, kommen sie unverhofft zurück. Wie ein Bumerang. Immer noch recht jung, möglicherweise noch oder wieder hilfsbedürftig, aber um wesentliche Erfahrungen reicher, suchen sie erneut Unterschlupf im Elternhaus. Sie erwarten

Stabilität in einem altbekannten Umfeld, das sich jedoch inzwischen gewandelt haben mag.

Auch Sarah tauchte wieder auf, wurde von den Großeltern aufgenommen. Sie hatte sich von ihrem Mann getrennt, als sie herausgefunden hatte, dass der eine Beziehung zu einer anderen Frau hatte. »Ich war irgendwie verrückt, als ich mit ihm zusammen war«, sagte die inzwischen 21-Jährige nun. Sie verabredete sich mit ihrer Mutter, bat um Entschuldigung. Langsam näherten sich die beiden Frauen wieder an, trafen sich nun häufiger, erzählten sich, was in der Zwischenzeit passiert war, schufen ein neues Vertrauensverhältnis. Und sie wohnten getrennt – bis ihre Beziehung zu dem Jurastudenten zerbrach und die von Liebeskummer geplagte Sarah wieder bei ihrer Mutter einzog.

Das war nicht einfach. »Ich hatte mir mein Leben eingerichtet, mein Mann hatte sich sein Leben eingerichtet, alles war eingetaktet und hat geklappt, da ist wieder jemand zu uns gekommen, der zwar dazugehört, aber inzwischen seine eigenen Vorstellungen entwickelt hat«, umreißt Monika M. die Schwierigkeiten. Neben der psychischen Labilität der Studentin gab es die klassischen Probleme, die sich in den meisten Familien zeigen, wenn ein »Bumerang-Kind« nach einer Phase des selbständigen Wohnens ins Elternhaus zurückkehrt: »Sie hatte sich nicht mehr zu benehmen wie ein Kind, fiel aber automatisch in die Kinderrolle zurück«, berichtet die Mutter.

Wenn Monika M. zurückdenkt, fallen ihr die gebrauchten Pads ein, die in der Kaffeemaschine zurückblieben, die Anleihen bei den mütterlichen Make-up-Produkten im Bad oder die abendliche Frage: »Was gibt es heute zu essen?« Auch die Eltern fallen leicht in ihre alten Rollen zurück, kochen für drei und warten mit dem Essen auf das »Kind«. Oder sie machen sich Sorgen, wenn es nach dem Abendessen noch mal wegfahren will, obwohl es draußen glatt ist. »Wenn sie außerhalb wohnen, kriegt man ja überhaupt nicht mit, ob sie bei Glatteis Auto fahren«, sagt Monika M. Ihr Mann war zudem von Verhaltensweisen wie dem vielen Telefonieren der Stieftochter genervt. »Ich habe oft zwischen zwei Stühlen gesessen.«

Monika M. hat einige Freundinnen und Bekannte, die ähnliche »Bumerang«-Situationen erlebt haben. Und die mit ihr darüber sprechen, weil sie über die Familiengeschichte Bescheid wissen. Sie kenne keinen, bei dem ein solcher Wiedereinzug ohne Probleme vonstatten gehe, erzählt sie. »Trotzdem würde ich es in dieser Situation wieder machen! Aber ich würde versuchen, andere Prioritäten zu setzen, ich würde ihr sagen: ›Du musst dich meinem Haushalt fügen.‹ Sonst gibt es zu viele Meinungen in einem Haushalt. Und ich würde mich nicht so einspannen lassen, würde ihre Wäsche nicht machen und nur kochen, wenn ich das für uns vorhabe.«

Schwierig sei es allerdings, das Liebesleben der erwachsenen Kinder unmittelbar mitzuerleben, den Besuch von jungen Männern, die Geräusche. »Das will man gar nicht so genau wissen, da braucht man mehr Abstand.« Unter den gegebenen Umständen sei jedenfalls nach einem Dreivierteljahr klar gewesen: So geht es nicht weiter. In der ländlichen Gegend, in der die Familie M. lebt, war es glücklicherweise nicht allzu schwer, eine Bleibe für die Studentin zu finden: Sie bezog die Ferienwohnung von Bekannten. Nicht weit vom Elternhaus entfernt, doch mit dem nötigen Abstand. »Das ging gut«, sagt die Mutter.

Inzwischen ist die Tochter 31 Jahre alt, hat geheiratet, nicht weit weg vom Elternhaus ein Haus gebaut und einen kleinen Sohn bekommen. Einmal in der Woche kommt Monika M. als Großmutter zu Besuch, um den bald Zweijährigen zu sehen. »Nie unangekündigt«, wie sie betont. Sie respektiert die Privatsphäre ihrer Tochter, spürt wohl auch eine gewisse Distanz zu deren Leben. »Die Konflikte sind moderater geworden, weil wir beide erwachsen sind.«

Die dreieinhalb Jahre, in denen es keinerlei gemeinsames Leben gab, wirken aber nach. »Als Sarah mit 17 auszog, war das ja ein Schock. Ich hatte keine Zeit, mich darauf vorzubereiten.« Bei ihren Freundinnen war es anders: »Einige haben den Tag herbeigesehnt, an dem der Sohn oder die Tochter endlich ausziehen würde. Und als es dann so weit war, haben sie drei Wochen lang nur geheult.« Für Monika M., die zu diesem Zeitpunkt noch fürchten musste, ihre Tochter für immer verloren zu haben, war es schwierig, das mit anzusehen: Die Kinder der Freundinnen waren schließlich nicht aus der Welt, sie kamen weiter bei ihren Müttern vorbei, machten Einkaufsbummel mit ihnen, feierten Weihnachten zu Hause, einige fuhren sogar mit den Eltern in den Urlaub. Die Freundinnen hatten es doch gut im Vergleich zu ihr!

Das Hikikomori-Syndrom

Sarah ist auffallend früh von zu Hause weggegangen – um dann in einer seelischen Krise wieder bei ihrer Mutter Rückhalt zu finden. Andere junge Erwachsene bleiben hingegen auffallend lange im »Hotel Mama« (oder der Pension Papa) wohnen. Auf einige Extremfälle passt der japanische Begriff Hikikomori. Das Wort bedeutet »sich einschließen« oder »eingegrenzt sein«, und es ist in Japan sowohl für ein Phänomen als auch für die davon betroffenen Menschen gebräuchlich, seit der Psychologe Tamaki Saito es in den 1990er Jahren in die Debatte warf.

Zu diesem Zeitpunkt begann man erstmals, sich um eine wachsende Gruppe von jungen Leuten Gedanken zu machen, die der deutsche Arzt und Psychotherapeut Till Bastian in seinem Buch *Die seelenlose Gesellschaft* als »moderne Eremiten« bezeichnet: Meist sind es junge Männer – Durchschnittsalter 26 Jahre –, die das Haus kaum noch verlassen und ihr Leben vor dem Rechner verbringen. Oft machen sie die Nacht zum Tag, stillen ihren Hunger mit bestellter Pizza oder dem, was die Eltern ihnen vor die Zimmertür stellen. Ohne deren Hilfe würden sie verwahrlosen.

10 000 bis 20 000 Hikikomori leben Studien zufolge in Japan. Anfangs wurden das erbarmungslos strenge japanische Schul-

system und die Angst der Menschen vor Gesichtsverlust für den sozialen Rückzug verantwortlich gemacht. Doch auch hierzulande gibt es junge Erwachsene, auf die die Beschreibung passt. Psychotherapeut Bastian schlägt für das klinische Erscheinungsbild, das sie bieten, den Begriff »Syndrom seelischer Stagnation« vor. Zu den Merkmalen gehört auf jeden Fall »eine freiwillig gewählte, tendenziell wachsende Abhängigkeit von versorgenden Institutionen oder Personen – insbesondere von den Eltern«. Nur wenige haben einen solchen Leidensdruck, dass sie sich selbst psychotherapeutische Hilfe suchen oder sich an Anlaufstellen wenden, die die Eltern für sie ausfindig gemacht haben.

Hilfe durch Psychotherapie

Bastian berichtet von einem solchen Fall: ein 25-jähriger Medizinstudent, der sich kurz vor seinen letzten Prüfungen ganz ins Elternhaus zurückzog, exzessiv Computer spielte und kaum noch Kontakt zur Außenwelt suchte. Ihn habe wohl der Wunsch, eine Freundin zu finden und das Studium abzuschließen, »nach draußen und in die Therapie gelockt«, vermutet Bastian. Zu seinem Glück: Nach neun Wochen stationärer Behandlung sehe es gut für ihn aus.
Wenn der junge Mann das schafft, wozu die Therapie ihn befähigen soll, wird er – leicht verspätet – wichtige Entwicklungsschritte vollziehen. Er wird sich zu Hause nicht mehr bedienen lassen, er wird sein Studium abschließen. Und er wird über kurz oder lang sein Elternhaus verlassen, um zum Beispiel in eine Wohngemeinschaft oder eine eigene Wohnung einzuziehen.

Sicher: Hikikomori ist eine extreme, die persönliche Entwicklung völlig zur Stagnation bringende Verhaltensauffälligkeit. Sie macht deshalb aber auch besonders gut deutlich: Erwachsene Kinder müssen eines Tages für sich selbst sorgen. Und in den meisten Fällen werden sie irgendwann ausziehen müssen, um sich weiterentwickeln zu können.

Zu dieser eigenen Entwicklung gehören auch Irrungen und Wirrungen. Es gehören Fehler dazu, aus denen man lernen kann, Unvernunft und Überschwang. »Weisheit ist eine Tugend des Alters«, schrieb die Philosophin Hannah Arendt, »und sie kommt wohl nur zu denen, die in ihrer Jugend weder weise waren noch besonnen«.

Selbständig leben trotz Handicap

Die jungen Leute, denen Till Bastian ein »Syndrom seelischer Stagnation« attestiert, wären körperlich und geistig in der Lage, sich ein eigenes Zuhause aufzubauen. Für Menschen, die mit Behinderungen auf die Welt kommen oder sie in jungen Jahren entwickeln, ist das weitaus schwieriger. Wer von den Leiden der Eltern am »Empty Nest« spricht, sollte sie nicht vergessen.

Ein Drittel der 7,8 Millionen anerkannten Schwerbehinderten, die in Deutschland leben, sind 75 Jahre und älter. 44 Prozent gehören der Altersgruppe von 55 bis 75 Jahren an. Ihre gesundheitlichen Einschränkungen haben sich oft erst in reiferen Jahren durch eine schwere Krankheit entwickelt, zuvor konnten sie selbständig leben. Vertieft man sich in die Zahlen des Statistischen Bundesamtes, erkennt man aber, dass auch eine große Zahl von *jungen* Menschen mit schweren körperlichen oder geistigen Einschränkungen in unserer Mitte lebt: 182 275 Kinder und Jugendliche waren es im Jahr 2017. Die Zahl, die uns interessiert, ist die der jungen Erwachsenen. Diese 121 275 Frauen und Männer zwischen 18 und 25 Jahren sind schließlich in dem Alter, in dem andere von zu Hause weggehen, erstmals in einer eigenen Wohnung leben, in eine Wohngemeinschaft ziehen, einen Platz im Studentenwohnheim finden oder eine Weltreise machen.

Die UN-Behindertenrechtskonvention fordert, dass auch Menschen mit Behinderung die Möglichkeit erhalten, »ihren Aufenthaltsort zu wählen und zu entscheiden, wo und mit wem sie leben«. Möglichkeiten dafür sind zum Beispiel Wohngemeinschaften mit besonderer Betreuung und Pflege, das Betreute Einzelwohnen, bei dem oft Assistenten Hilfestellung geben, oder besondere Wohnverbünde. Dass es solche Konzepte gibt, ist wichtig, meist auch für die Familien der Betroffenen, für die eine Betreuung oft sehr anstrengend ist. Darunter zum Beispiel Eltern von Kindern mit Trisomie 21, deren »Nest« sich oft auch im Rentenalter nicht leert.

»Auch er hat jedes Recht der Welt, rauszukommen«

Ein Gespräch mit Anne-Caroline Ramm, Mutter und Gründerin einer Stiftung, über die besondere Sorge um ein Kind mit Trisomie 21, das Glück des Zusammenlebens mit Gleichaltrigen und die Abschaffung der Kinderzimmer

Ein Elternhaus wie aus dem Bilderbuch: Die freundliche Hausherrin öffnet die Tür der Villa, in der ihre drei Kinder groß geworden sind. Auf dem Tisch im Wintergarten liegen die Schokohasen und andere Osterpräsente bereit für die Verteilung auf kleine Körbchen: Es wird für alle ein Osternest geben, für die Familienmitglieder und für die Mitarbeiter ihrer Stiftung. Im sonnigen Garten kann man sich das sommerliche Leben und Treiben hier schon vorstellen. Und wir können uns mit unseren wärmenden Jacken an diesem Frühlingstag an den Gartentisch setzen und den Kaffee im Freien genießen.

Wer über die Trauer schreibt, die Mütter und Väter befällt, wenn ihre Kinder das Haus verlassen, der sollte Anne Ramm besuchen, eine Frau mit Erfahrung, auch was das Aus-dem-Haus-Gehen der Kinder betrifft. Als ihre Tochter nach dem Abitur für ein Jahr nach Australien ging, fehlte die junge Frau ihr sehr. Als ihr jüngster Sohn sich zum Studium nach Berkeley aufmachte, war das für sie und ihren Mann nicht weniger einschneidend.

Auch wenn dieser Sohn als Leistungssportler mit seiner Mannschaft schon vorher viel auf Achse gewesen und durch seinen Sport früh selbständig geworden war. Und als das mittlere ihrer drei Kinder nach der Schule für drei Jahre nach England ging, quälte sie wieder das Gefühl, dass in ihrem Haus etwas fehlte.

Doch das war gut so – vor allem für den mittleren Sohn Carl. »Auch er hat jedes Recht der Welt, rauszukommen«, dachte sich die Mutter. Doch damit er dieses Recht wahrnehmen und in England ein besonderes College für junge Erwachsene besuchen konnte, mussten sich die Eltern kümmern.

Denn Carl, der heute 24 Jahre alt ist, kam mit dem Downsyndrom zur Welt. Das Chromosom 21 ist in seiner DNA dreifach angelegt, nicht wie bei den meisten anderen Menschen nur doppelt. Die gesundheitlichen Folgen der Trisomie 21 waren in seinem Fall zu Beginn besonders gravierend. »Er hatte praktisch keinen Muskeltonus«, berichtet die Mutter. Die Ärzte glaubten kaum daran, dass das Baby überleben könnte, doch die Familie tat und veranlasste im Lauf der Jahre alles, was geeignet schien, das Kind zu stärken und zu fördern. Die Sorge um Carl habe zu einer unglaublichen Nähe und Intensität der familiären Beziehungen beigetragen, urteilt Anne Ramm heute. Dabei war ihr von vornherein wichtig, dass die beiden Geschwister nie in nennenswertem Umfang für Aufpasser-Funktionen eingespannt wurden. »Sie sollten ihr eigenes Ding machen können.«

Carl ging nach der Schule zunächst in »The Mount«, einem College mit angeschlossener Lebensgemeinschaft im englischen Wadhurst, weitere Schritte in die Selbständigkeit. Er konnte dort viele alltagspraktische Fertigkeiten lernen und üben. Und er vertiefte außerhalb des geschützten familiären Rahmens auch seine sozialen Kompetenzen. Als er nach drei Jahren aus England zurückkam, wo er ohne elterliche Hilfe, aber in einer recht behüteten Struktur mit anderen Behinderten gelebt hatte, wohnten seine Geschwister, die heute 28 und 23 Jahre alt sind, schon nicht mehr zu Hause. Der Kontakt zu den Schulfreunden von früher hatte sich gelockert. Und so schön das Wieder-Zusammenleben mit den Eltern in Berlin auch sein mochte: »Nach einem Monat war Carl hier bei uns einsam. Ein junger Mensch braucht eben einfach seine Peergroup.« Doch wie war diesem Bedürfnis Rechnung zu tragen?

Mit Altersgenossen zusammen sein, womöglich sogar mit Gleichaltrigen zusammenleben: Wenn es Menschen mit und ohne Behinderung sind, heißt das Schlagwort heute Inklusion. Anne-Caroline Ramm und ihr Mann wünschten sich genau das für ihren Sohn. So wurde Carl zum Impulsgeber der Anne Ramm Stiftung, die sie im Jahr 2015 gründeten. »Wir engagieren uns für eine möglichst selbständige Lebensführung von Menschen mit Hilfebedarf«, erläutert die Gründerin. So entstand die »Lern-WG« in einem Mietshaus in Berlin-Lankwitz, in der heute zwölf junge Erwachsene zusammenwohnen. Sechs von ihnen brauchen im Alltag besondere Unterstützung, arbeiten in geschützten Werkstätten, sechs sind Studentinnen und Studenten. Die Studierenden engagieren sich für ihre Mitbewohner und müssen im Gegenzug für ihre Wohnungen keine Miete zahlen. Zwei Kooperationspartner begleiten das Projekt: Der Träger, die reha e.V. Soziale Dienste mit Kontur, stellt sicher, dass die Betreuung und pädagogische Begleitung klappt, die Medical School Berlin (MSB) begleitet die Studierenden und wertet das Projekt wissenschaftlich aus. Eine Koordinatorin hat im Haus selbst einen Blick auf die Abläufe. An einem »freien Wochenende« im Monat leert sich die WG: Die einen Bewohner werden von ihrer Familie betreut, die anderen, die Studierenden, sind von ihren Pflichten zur Mithilfe entbunden.

Die meisten der jungen Erwachsenen, die im Alltag besondere Unterstützung brauchen, kamen bisher direkt aus dem Elternhaus in die Lern-WG. »Ein Junge kam aber auch aus einem Kinderheim in das Wohnprojekt«, berichtet Anne Ramm. Carl hatte den anderen auf jeden Fall die Erfahrung mit England voraus, wo er allerdings recht behütet lebte. Alle waren zu Beginn

Neulinge in Sachen »Alleine«-Wohnen, auch die Studierenden. »Sie konnten alle noch keine Waschmaschine bedienen und kaum kochen«, sagt Anne Ramm. Alle mussten den Umgang mit der ungewohnten Freiheit von elterlicher Aufsicht lernen. Und immer wieder plage jemanden das Heimweh, ob er oder sie nun außerhalb der WG an der Uni oder in einer speziellen Werkstatt tätig sei, berichtet Carls Mutter. »Das verbindet sie, und sie profitieren voneinander.«

Carl und die fünf Mitbewohner mit Unterstützungsbedarf leben trotzdem nicht in allem wie die Studierenden: Dreimal in der Woche kümmert sich abends jemand um ihre Pflege, morgens muss jemand einen Blick auf die Zusammenstellung ihrer Garderobe werfen, dann werden einige von ihnen abgeholt und in ihre Werkstätten gefahren. »Und wenn sie krank werden, sind derzeit noch die Eltern zuständig und nehmen sie zu sich nach Hause«, berichtet Anne Ramm.

Was die Eltern in ihrem »Empty Nest« bewegt, zeigt sich bei den regelmäßigen Elternabenden. Am Anfang haben diese Elternabende alle zwei Wochen stattgefunden, nun ist der Abstand schon auf vier bis sechs Wochen ausgedehnt. »Eines der wichtigsten Themen ist Transparenz. Die Eltern brauchen das Gefühl, dass sie jederzeit zu Besuch kommen können«, berichtet Carls Mutter. Es sind Mütter und Väter, die sich aufgrund ihrer langjährigen Erfahrungen Sorgen machen, die Eltern gesunder Kinder in dieser Form nicht kennen. Eltern, die genau wissen, dass diese Sorgen sie nicht loslassen werden, auch wenn ihr Kind die 40 oder 50 überschritten haben wird. Auch über Zukunftsfragen und über Notfallpläne wird auf den Elternabenden geredet.

Fast genauso bedeutsam war zu Beginn ein Thema, das alle Eltern kennen, deren Kinder flügge werden. »Man sucht Trost, möchte emotional aufgefangen werden.« Schon deshalb ist es sinnvoll, dass es ab und an gemeinsame Elternbegegnungen auch mit den Eltern der Studi-Neulinge gibt. »Ich finde es schön, dass das sich mischt und die Sehnsucht nach unseren Kindern so identisch ist«, sagt Anne Ramm. Was den Auszug der Kinder betrifft, hat sie als Mutter von dreien ja Erfahrung.

Anne Ramm mag es, sich auf die Zukunft vorzubereiten. »Ich bin so eine«, sagt sie. Sie hat sich von Anfang an Rat geholt, wo sie ihn bekommen konnte, von Lehrerinnen, Physiotherapeutinnen, Psychologinnen. Als Carl noch in der Schule war, hat sie recherchiert, was danach dran sein könnte, und hat das College in England gefunden. Als Carl im College war, hat sie die Stiftung gegründet und das WG-Projekt vorangetrieben. Nun denkt sie darüber nach, wie Wohnformen für Menschen wie Carl aussehen können, wenn sie älter werden und ihre Altersgenossen keine Studenten mehr sind. Und sie redet mit Carls Geschwistern darüber, wie es weitergehen soll, wenn sie und ihr Mann einmal nicht mehr können.

Fast 20 Jahre lang war sie rund um die Uhr für Carls Wohl zuständig, auch wenn ihr Mann, der beruflich sehr engagiert war, ihr in den Urlauben und an den Wochenenden kräftig unter die Arme gegriffen hat. Carl hat Schwierigkeiten mit der Orientierung und ist häufig von zu Hause weggelaufen. In der Pubertät sei er oft nicht zu halten gewesen, berichtet seine Mutter. »Er ist über Tische und Bänke gesprungen.« Er brauchte Bewegung, musste körperlich an seine Grenzen kommen, um auch ohne Medikamente ausgeglichen zu sein. Die Mutter hat ihn immer wieder zu Aktivitäten überredet, ist mit ihm gelaufen. »Es war anstrengend«, gesteht sie.

Dass die Familie finanziell gutgestellt ist, war selbstverständlich hilfreich. Sie und ihr Mann konnten sich Babysitter leisten, abends als Ehepaar gemeinsam gesellschaftliche Verpflichtungen wahrnehmen, Kultur genießen, Kraft tanken und durch diese Möglichkeiten leichter ein Paar bleiben. »Es hat neben Wohlstand aber auch mit Kraft zu tun«, betont Anne Ramm. »Die ist mir mitgegeben worden, und dafür bin ich dankbar.«

Mit dieser Power hat sie nun auch das Haus neu aufgeteilt: Aus dem oberen Stockwerk, in dem Tochter und jüngerer Sohn lebten, ist eine separate Wohnung geworden. Die könnte später einmal vermietet werden, steht derzeit aber Carls beiden Geschwistern zur Verfügung, wenn sie aus dem Ausland zu Besuch kommen. Ganz unten ist der Sitz der Stiftung. Und in dem Teil des Hauses, der den Kernbereich des Familienwohnsitzes bildet, ist Carls ehemaliges Zimmer nun zum Gemeinschaftsraum für alle drei erwachsenen Kinder geworden. »Ein Kinderzimmer haben wir nicht mehr«, betont die Mutter. Stattdessen gibt es im gemeinsamen Zimmer eine große Schrankwand. Jedes Kind hat etwas mehr als einen Meter davon zur Verfügung. »Mehr wird nicht bei Papa und Mama gelagert.«

Anne Ramm hat die Erfahrung gemacht, dass es hilft, auch hinsichtlich der eigenen Gefühle Klarheit zu schaffen, sich zum Beispiel ehrlich zu befragen, was hinter der Sorge um die Kinder, dem Nicht-loslassen-Können, eigentlich steckt. »Das Empty-Nest-Gefühl ist im Kern ja die Trauer um das eigene Leben mit den Kindern.« Das schwarze Loch, das bei ihrem Auszug entstehe, müsse man sehen und angehen. »Den Mut muss man besitzen.«

Dass die Ramms für Carl ein neues, eigenes und »erwachsenes« Zuhause schaffen konnten, ist noch einmal eine andere Geschichte. In ihr spielt auch Erleichterung eine Rolle. Schon als ihr Sohn nach England zog, spürten sie, dass sie sich nun etwas erholen und Verantwortung abgeben konnten. Dass sie ihn mit frischer Kraft besuchten. Und dass die Bilder von alten, hinfälligen Eltern in den Hintergrund traten, die sich mit schwindenden Kräften um ihr unterstützungsbedürftiges 50-jähriges Kind mit Downsyndrom kümmern. Bilder, die ihnen schon bei Carls Geburt vor Augen standen – und die mehr Angst machen können als die Vorstellung, dass ein großes Haus sich allmählich leert.

»Wenn wir wollen, dass alles bleibt wie es ist,
dann muss sich alles verändern.«

Giuseppe Tomasi di Lampedusa
in seinem Roman Der Leopard

Siebtes Kapitel

Was kommt, wenn die Kinder gehen. Ein Ausblick

Neue Perspektiven

Wer vom »leeren Nest« spricht, benennt einen Verlust. Eltern treten in eine neue Lebensphase ein, wenn ihre Kinder selbst erwachsen geworden sind und nicht mehr mit ihnen zusammenleben. Dass es beim Übergang »knirschen« kann, dafür haben wir viele Beispiele gesehen. Im abschließenden Kapitel soll das Positive im Mittelpunkt stehen. Wir werden dafür etwas Abstand nehmen und das Verhältnis zwischen Eltern und ihren erwachsenen Kindern betrachten – Jahre nach dem Auszug und aus drei verschiedenen Blickwinkeln.

Kleine Typologie der Beziehungen

Wie entwickelt sich die Beziehung zwischen den erwachsenen Familienmitgliedern? Der Soziologin Lucy Rose Fischer verdanken wir ein Buch mit dem aussagekräftigen Titel *Tochter bleibst du immer. Mütter, Töchter, Schwiegermütter.* Sie hat 43 Mutter-Tochter-Paare ausführlich interviewt und daraus eine Typologie der Beziehungen zwischen den erwachsenen Frauen abgeleitet: Beim ersten Typ fühlt sich die Mutter auch gegenüber der erwachsenen Tochter zeitlebens verantwortlich, die Jüngere bleibt von der Älteren abhängig. Noch mit 40 Jahren bekommt sie (ungebetene) Ratschläge für die Haushaltsführung, aber auch für das Eheleben. Beim zweiten Typ ist es umgekehrt, hier bemuttert die Tochter ihre Mutter, die von ihr abhängig ist. Und das in einigen Fällen schon in jüngeren Jahren und nicht erst, wenn die Mutter pflegebedürftig wird. Bei der dritten Gruppe von Frauen entdeckte Fischer ein Verhältnis gegenseitiger Bemutterung. Dort entstehen im Lauf der Zeit ebenbürtige, freundschafts*ähnliche* Beziehungen. Nur sechs der Paare, die sie befragt hatte, konnte Fischer diesem Typus zurechnen. Zwei Bedingungen sind dafür zu erfüllen. Erstens: Jede der Frauen nimmt Anteil am Leben der anderen. Und zweitens: Jede hat ein ausgeprägtes Bedürfnis nach Selbständigkeit. Keine Frage, dass es am schönsten ist, wenn Eltern und ihre erwachsenen Kinder (denn für die Väter, Söhne, Schwiegerväter gilt dies ebenso) diese Form der gleichberechtigten Beziehung entwickeln können: liebevoll, aber nicht erdrückend, mit genug Luft zum Atmen.

»Unser Verhältnis ist heute besser als je zuvor«

Ein Gespräch mit Irene U., deren Tochter schon vor 20 Jahren ausgezogen ist, über Abschied auf Raten, einen zerrissenen Flugschein und den Stolz auf das freieste Wesen der Welt

Das alles ist nun schon mehr als 20 Jahre her. Doch Irene U. erinnert sich an einige Details so genau, dass es sich gestern ereignet haben könnte. Sie hat diese Situation seitdem unzählige Male in ihrem Kopfkino laufen lassen: ein Hotel in San Francisco, die Kleider, die auf dem Kingsize-Bett verstreut liegen, der Koffer. Ihr Koffer, den sie nun endlich packen muss. Denn sie muss zurück nach Deutschland. Zwei Ferienwochen in Kalifornien liegen hinter ihr. Zwei Mutter-Kind-Wochen. Ihre Tochter wird in den USA bleiben, sie wird eine Rundreise mit mehreren Etappen machen. Danach wird auch die 19-Jährige, die in diesem Sommer ihr Abi gemacht hat, in ihre süddeutsche Heimatstadt zurückfliegen. Schließlich ist sie mit ihrer Mutter dort gerade erst in eine schnuckelige Altbauwohnung umgezogen, und sie möchte mit ihrem Studium beginnen. »Geplant war eine Art Frauen-WG in Uni-Nähe«, berichtet Irene. Die Tochter hatte sich für die neue Wohnung einen besonders großen und schicken »amerikanischen« Kühlschrank mit Ice-Maker gewünscht – und bekommen.

Das Kopfkino zeigt jetzt die Szene, in der die Mutter ans Abschiednehmen denkt. »Es war mir eng ums Herz«, erzählt sie. Doch sie wusste: Es geht jetzt nicht allein um ihre Gefühle. Sie sieht die Unsicherheit in den Augen der Tochter, fühlt, dass hier und jetzt eine Weiche gestellt wird. »Ganz deutlich war da plötzlich die Frage: ›Gibst du ihr ein Signal vorwärts oder rückwärts?‹

Ich habe gespürt, dass meine Tochter mit mir kommen würde, wenn ich es darauf anlege. Und dass das meine letzte Entscheidung als Mutter mit voller Verantwortung sein würde.«

Irene hat dem jungen Mädchen das »Rückwärts«-Signal nicht gegeben, sie ist allein zurückgeflogen. Und zwei Tage später hat ihre Tochter den Flugschein für den Rückflug zerrissen, wie die Mutter kurz darauf am Telefon erfuhr. In der Zwischenzeit war im Leben der Tochter etwas passiert: Sie hatte einen Mann kennengelernt, mit dem sie zusammenbleiben wollte. Liebe auf den ersten Blick. Die beiden lebten anschließend zwei Jahre in den USA, sie bereisten das Land zu zweit. Sie sind seitdem fast unzertrennlich und inzwischen längst verheiratet.

Für den Flug ihrer Tochter hatte Irene, die alleinerziehende Mutter, hart gearbeitet – wie für alles andere, wozu auch die neue Wohnung gehörte. Kein Wunder, dass sie das Zerreißen des Flugtickets nicht auf die leichte Schulter nahm. »Ich war wütend, ich war sauer! Ich habe bestimmt zwei Jahre mit der Situation gehadert.« E-Mails waren noch nicht üblich, so gingen Luftpostbriefe mit recht hartem Inhalt und in schroffer Tonlage hin und her. »Aber man kann sich nicht trennen, wenn man sich über alles liebt«, kommentiert Irene mit 20-jährigem Abstand.

Die Tochter kam schließlich zurück nach Deutschland, mit ihrem Lebensgefährten. Beide bezogen eine eigene Wohnung, mit dem Studium klappte alles perfekt, einschließlich einer Promotion. Anschließend zogen die beiden nach Großbritannien.

Nach und nach veränderte sich das Verhältnis der Mutter zur Tochter. Was Irene nie verloren hatte, war der Glaube an deren Tüchtigkeit. Nun erkannte sie, dass die Liebesbeziehung zwischen der Tochter und ihrem Lebensgefährten sehr eng war, sich immer weiter vertiefte, gesundheitliche Krisen überstand und wohl auf Dauer Bestand haben würde. »Dass sie zu zweit sind, ist für mich eine große Entlastung.« Denn Irene bleibt eine Mutter, die sich Sorgen macht. Die Tochter und ihr Mann haben sich zum Beispiel gegen Kinder entschieden. Irene ist keine Frau, die um ihre nicht geborenen Enkel trauern würde. Sie denkt an etwas anderes: »Meine Tochter hat es schlechter als ich, denn sie wird keine Tochter haben.« Irene wollte ihr das zu bedenken geben, bevor es zu spät sein würde. »Ich habe ihr gesagt, sie sei für mich die Quelle meiner Lebensfreude und Inspiration für meine Arbeit.« Sie wünschte ihrer Tochter genau das von Herzen, was sie selbst glücklich gemacht hat. Doch sie durchlief einen Lernprozess. »Wirklich zu verstehen, dass meine Tochter anders leben möchte als ich, war schwierig.« Nun ist dieses Thema geklärt. »Kinder sind eben nicht unsere Abbilder, sie leben ihr eigenes Leben.«

Die Beziehung hat sich inzwischen noch einmal verändert. »In den letzten Jahren habe ich, nach einer schweren Krankheit, gemerkt, dass meine Tochter inzwischen mehr Kraft hat als ich«, berichtet Irene. »Ihre Kräfte nehmen immer noch zu, meine nehmen ab.« Wie soll das im Alter werden? Irene macht sich Sorgen, dass ihre Tochter eines Tages zu viel Verantwortung für sie verspüren könnte: »Wenn Kinder keine Kinder haben, fühlen sie sich ja oft überproportional verantwortlich für ihre Eltern.«

Im Augenblick aber ist es eine schöne Beziehung zwischen zwei erwachsenen Frauen, die mitten im Leben stehen und es genießen, sich in Abständen an dem einen oder dem anderen Ort zu treffen, sich gegenseitig zu bekochen, Kultur miteinander zu genießen, Modeläden zu durchstöbern, zu reden. Die Treffen haben in ihrem an sozialen Kontakten nicht armen Leben hohe, vielleicht die höchste Priorität.

Welche neuen Möglichkeiten haben sich aufgetan, als die Tochter nicht mehr mit ihr in einem Haushalt lebte? »Sie lagen ganz eindeutig in der Arbeit. Ich konnte mich seitdem beruflich deutlich mehr engagieren.« Als die Tochter klein war, hatte die Mutter in ihrem Beruf ausgesetzt, später, in der Kindergarten- und Schulzeit, sehr behutsam begonnen, von zu Hause aus freiberuflich zu arbeiten. Der Beruf wurde immer wichtiger, seit die Tochter nicht mehr zu Hause lebt. Nun, im Ruhestand, ist ein Ehrenamt dazugekommen, Freundschaften bleiben von Bedeutung, dazu Musikhören und Lesen. »Man kann mehr von sich selbst leben, wenn man das Kind nicht mehr dahat«, resümiert Irene.

Dass das Nest sich leerte, kam für Irene nicht überraschend. Zwar war nicht zu erwarten, dass ihre Tochter damals schon zwei Tage nach dem Abschied in San Francisco ihre große Liebe finden und von da an mit diesem Menschen durchs Leben gehen würde, doch Irene hatte im Prinzip schon erfahren, wie die Loslösung sich anfühlt, sie wusste schon damals: »Kinder zu haben ist ein Abschied auf Raten.« Sie hatte am eigenen Leib gespürt, dass sie ihr Baby durch ihre bloße Anwesenheit beglücken konnte, dass ihr Kindergartenkind noch gern mit ihr schmuste, ihr Schulkind dann die Lehrerin zur höchsten Autorität erklärte und ihre halbwüchsige Tochter zeitweise jede körperliche Berührung leicht angeekelt für deplatziert erklärte. Von den heftigen Diskussionen ganz abgesehen. »Zwischen 14 und 17 sind viele Jugendliche unerträglich, da scheinen Eltern und Kinder so etwas wie ›Klassenfeinde‹ zu sein.« Man sehnte sich dann vielleicht nach den innigen Momenten der Nähe – doch ohne große Hoffnung, dass sie noch einmal wiederkommen könnten. »Aber wenn die Kinder nicht da sind, dann weiß man: Man liebt sie.«

Früher waren sie immer da. »In der Kindheit sind Kinder ja besonders für die Mütter oft der Inhalt unseres Lebens«, sagt Irene. »Aber sie sind nicht der Sinn unseres Lebens. Inhalte werden uns häufig von außen diktiert, Sinn müssen wir uns selber geben.« Eine Lebenseinsicht, die auch für die Generationen nach uns gilt. Die Kinder brauchen Luft, um eigene Inhalte und diesen Sinn für sich zu finden. »Heute ist es mein größter Stolz«, sagt Irene, »dass ich das freieste Wesen auf die Welt gebracht habe, das ich kenne.«

»Als Mutter habe ich heute einen anderen Blick auf meine Eltern«

Ein Gespräch mit Verena L., Tochter und junge Mutter, über selbstverständlichen Rückhalt bei der Herkunftsfamilie, die eigenen Pläne junger Erwachsener und falsche Motive dafür, Kinder zu bekommen

Viel Freiheit in der Lebensgestaltung bleibt Verena L. derzeit nicht. Das erste Lebensjahr ihrer Zwillinge ist vorbei, in dem zuerst sie und dann ihr Mann Elternzeit genommen haben. Nun ist sie zurück in ihrem anspruchsvollen Job. Ihre lebhaften Zwillinge haben sich in der Kita gut eingelebt.

Die beiden Mädchen haben kurz zuvor laufen gelernt. Ein großer Schritt in der kindlichen Entwicklung: weglaufen von der Mutter, etwas ängstlich werden, umkehren. Und wieder von vorn. Doch davon, von zu Hause wegzugehen, sind die Mädchen noch weit entfernt. Verena L. und ihr Mann haben noch einen langen Lebensabschnitt mit ihnen vor sich.

Wie jede Mutter ist Verena L. auch Tochter. Wie war es, als sie ihr Elternhaus verließ? Als sie definitiv auszog, hatte sie schon mit dem Studium begonnen, in der Schweizer Großstadt, in der auch ihre Eltern lebten. Eine sympathische Mitstudentin suchte eine Mitbewohnerin für ihre WG, das reizte Verena. So zog sie um, in derselben Stadt, von der Wohnung ihrer Eltern in die Studenten-WG. Schon vorher war sie mehrmals für längere Zeit von zu Hause weg gewesen: Mit knapp 16 hatte sie ein Schuljahr in den USA verbracht, direkt nach dem Abitur war sie mit einer Freundin nach Australien und Neuseeland aufgebrochen, wieder für ein ganzes Jahr.

In die WG einzuziehen, war aber etwas anderes: die erste eigene Behausung, ein Zimmer einrichten, Küchenutensilien mitnehmen, ein paar Möbel, Bettzeug, die Bücher und CDs. Sich mit einer Mitbewohnerin arrangieren – was sehr gut gelang, Gäste in der eigenen Wohnung bewirten – was Spaß machte. Dazu die Uni, Beziehungsgeschichten, Sport. Ihre Zeit war ausgefüllt.

Das ist 15 Jahre her. »Heute sage ich mir, dass ich mich damals, als ich in der WG wohnte, ziemlich selten bei meinen Eltern gemeldet habe«, erzählt die 37-Jährige. »Eigentlich waren immer sie es, die angerufen haben.« Nicht dass sie deshalb direkt ein schlechtes Gewissen hätte, doch wenn sie daran denkt, dass das eines Tages mit ihren Mädels auch so sein könnte, wird ihr ganz anders. Diese beiden Kleinen, die jetzt noch so abhängig sind von ihrer Mama und ihrem Papa! Nur noch knapp 15 Jahre, bis sie mit 16 ihr Schüler-Auslandsjahr machen? Höchstens 20, bis sie in eigene Wohnungen ziehen!

Als Schülerin während des Austauschjahrs in den USA habe sie schon manchmal Heimweh gehabt, erinnert sich Verena. Sie hat dann überlegt, was ihre Eltern und ihre Geschwister wohl gerade machten. Darüber, wie sie sich ohne sie fühlten, hat sie aber nicht nachgedacht. Die Familie folgte den Empfehlungen der Austauschorganisation und telefonierte vor allem anfangs nur selten mit ihr. WhatsApp-Gruppen gab es noch nicht, E-Mails zu verschicken war zwar möglich, aber noch deutlich umständlicher.

Nach dem Abitur, während ihrer Rundreise durch Australien, dachte Verena deutlich seltener daran, was ihre Lieben zu Hause wohl gerade machten. Das Reisen und das Geldverdienen hielten sie auf Trab. »Irgendwann hat es mir damit aber gereicht und ich wollte wieder nach Hause«, erinnert sie sich. »Nach Hause«, das hieß allerdings nicht an erster Stelle zurück zu den Eltern. Es beinhaltete vor allem den Wunsch, mit einem Studium zu beginnen, die alten Freunde aus der Schulzeit zu treffen und wieder mehr Kontakt zu den Geschwistern zu haben. Alles klappte, Verena kam von Neuem in ihrer Stadt an. Nun als Erwachsene, als Studentin, als Mitbewohnerin einer WG. »Ich war völlig von meiner neuen Welt absorbiert«, erinnert sie sich. »An meine Eltern habe ich zu dieser Zeit nicht besonders viel gedacht, und mir ging es gut dabei.«

Schließlich habe sie immer gewusst, dass sie sich im Ernstfall an ihre Eltern wenden konnte. »Ich habe einen starken Rückhalt gespürt. Und ich habe mir keine Sorgen um sie gemacht. Sie waren ja zu zweit, sie hatten ihre Berufe und ihre Freunde, sie hatten immer etwas zu tun.« Bei Freundinnen, deren Eltern getrennt lebten, sei das durchaus anders gewesen, erinnert sie sich. Die hätten sich manchmal Sorgen um ihre Mütter oder Väter gemacht. Heute denke auch sie allerdings darüber nach, wie sich ihre Eltern wohl damals gefühlt haben.

Doch so klein ihre eigenen Töchter noch sind und so unvorstellbar weit der Auszug der Mädchen noch in der Ferne liegt: Dass erwachsene Kinder noch lange Zeit bei ihren Eltern wohnen bleiben, ist Verena nicht geheuer. Lieber kein »Hotel Mama«! Dankbar nimmt sie den Hinweis auf, dass Töchter im statistischen Durchschnitt das Elternhaus früher verlassen als Söhne. »Mein Mann und ich, wir machen durchaus schon Pläne für die Zeit, in der unsere Töchter nicht mehr bei uns wohnen. Wir hoffen, dass sie eines Tages wieder ausziehen …«

Möglicherweise, überlegt sie, sind bei dem Umgang von Elternpaaren mit dem »Empty Nest« auch die Gründe mit im Spiel, die Paare 20 Jahre zuvor zur Entscheidung für ein Leben mit Kindern gebracht haben. Wer sie zur Gesellschaft, als Mittel gegen die Einsamkeit, haben möchte, wird sie ungern ziehen lassen. »Mein Mann und ich haben viel darüber gesprochen, und unsere Beweggründe reflektiert.« Bei ihnen beiden sei der Wunsch entscheidend gewesen, mit Kindern etwas zu unternehmen, ihre Entwicklung mitzuerleben, sich über ihre Fortschritte zu freuen. »Schon jetzt freuen wir uns ja über alles Neue, was sie lernen.«

Dass ihre Töchter eines Tages, wenn sie groß sind, zu ihren Freundinnen werden könnten, kann sie sich aber nicht vorstellen. Natürlich wünscht sie sich ein gutes, vertrautes und entspanntes Verhältnis zu den beiden. Sie besteht aber zugleich auf der besonderen, in ihrer Art einmaligen Beziehung zu ihnen. »Sie bleiben ja die Kinder. Und manches möchte man von seinen Eltern nicht wissen. Es ist für uns beide normal, dass Eltern ein Stück weit immer ›idealisierte‹ Personen bleiben. Diese Erfahrung haben wir gemacht. Ich denke, unseren Kinder wird es auch so gehen.«

»Der Nachtisch ist ja meistens süß«

Ein Gespräch mit dem Philosophen, Buchautor und Vater Dieter Thomä über die gewisse Ferne zwischen Eltern und Kindern, das Glück des Betrachtens und die Unangemessenheit von Tränen beim Abschied

»Im Heranwachsen des Kindes kann eine alltäglich wiederkehrende Bestätigung jener Entscheidung ›für das Leben‹ liegen, kulinarisch gesprochen: ein Genuss in vielen kleinen Gängen.« Den meisten Vätern und Müttern, mit denen ich für dieses Buch sprach, dürfte dieser Satz aus der Seele gesprochen sein. Wenn sie über das »leere Nest« traurig sind, dann doch deshalb, weil es eine gute Entscheidung war, Kinder zu bekommen, und weil es so schön war mit den Kindern. Weil ihnen jetzt in ihren Wohnungen und Häusern etwas fehlt.

Was das sein könnte, darüber hat kaum einer so scharfsinnig nachgedacht wie der Philosophieprofessor Dieter Thomä, aus dessen Buch *Eltern. Kleine Philosophie einer riskanten Lebensform* das Bild vom Menü mit den vielen Gängen stammt. Thomä ist der Frage nachgegangen, warum Menschen sich für Kinder entscheiden und worin das besondere Glück des Lebens mit ihnen eigentlich besteht. Der Philosoph, der an der Universität St. Gallen lehrt, argumentiert mit Kant, Hegel und anderen Größen seines Fachs. Doch er spricht auch aus Erfahrung, als Vater.

Das Buch ist im Jahr 1992 erschienen, deshalb lag die Vermutung nahe, dass die Kinder, deren Windeln der Autor gewechselt hat, für die er einkaufte und denen er das Federballspielen beibrachte, inzwischen längst »aus dem Haus sind«. Auch über diese Erfahrung etwas zu hören, stellte ich mir höchst gewinnbringend vor. Thomä war zum Gespräch darüber bereit.

Und es stimmt: Seine beiden Kinder sind inzwischen 33 und 30 Jahre alt, es ist schon einige Zeit her, dass die jungen Leute ausgezogen sind. Rein geografisch hat die Distanz sich inzwischen wieder verringert. »Nach vielen Jahren im Ausland leben sie jetzt beide wieder in Berlin«, berichtet er. Inzwischen sind zwei muntere Enkelkinder dazugekommen. Berlin ist auch die Stadt, in der Thomä zeitweise mit seiner Frau wohnt. Man kann sich also häufig treffen. Thomä hat allerdings eine Devise: »Ich will ihnen gegenüber nicht aufdringlich sein.«

»Zwischen Eltern und Kindern besteht schon früh eine Art Ferne, das beginnt nicht erst, wenn sie weg sind«, überlegt Thomä. Er meint es positiv: Schon die Kleinsten strebten schließlich danach, etwas ganz allein zu können. »Und wir Eltern freuen uns darüber, wenn sie selbständig werden, auch wenn wir noch alle Hände voll mit ihnen zu tun haben. Das alles hat schließlich ein natürliches Ziel.« Eltern müssen ihre Kinder »freilassen und loslassen« können.

Thomäs Standpunkt ist denkbar klar: »Ich muss gleich bekennen: Mit Eltern, die sich im Empty-Nest-Syndrom suhlen, habe ich kein allzu großes Mitleid. Das Verlustgefühl ist zwar psychologisch nachzuvollziehen, aber es ist falsch. Es ist ein Missverständnis dessen, was Erziehung und Elternschaft ausmacht.« Auch dass Eltern die besten Freunde ihrer Kinder sind, hält Thomä für eine »furchtbare Idee«. Freundschaften seien so angelegt, dass sie immer weitergehen, sich sogar intensivieren. Zwar kennt auch Elternschaft kein Ende. »Doch man muss die Distanz annehmen, und das ist der Freundschaft fremd.«

Wir haben es in diesem Buch mehrfach angesprochen, das überbehütende »Helikoptern« sorgenvoller Mütter und Väter, die mit ihren Fluggefährten pausenlos über den Köpfen ihrer erwachsenen Nachkommen kreisen. Thomä steuert von seinem letzten USA-Aufenthalt einen weiteren Begriff bei: Dort wurde der Ausdruck »Schneepflug-Eltern« für Mütter und Väter erfunden, die ihren Nachwuchs nicht nur vom Hubschrauber aus bewachen, sondern ihm den Weg in die Welt und ins Leben auch möglichst perfekt ebnen möchten – als Vorläufer im wahrsten Sinn des Wortes. Diese handfestere, fast aggressive Form der Einmischung hat in den USA zuletzt zum Skandal um College-Zulassungen geführt, die wohlhabende, teilweise auch prominente Eltern ihren

Kindern erkauft haben. Schlimm findet der Philosoph daran nicht nur, dass auf diese Art in einer Gesellschaft soziale Unterschiede zementiert werden. »Tragisch ist auch das Misstrauen in die Kinder und in die eigene Erziehungsleistung. Man vermittelt ihnen ja die Botschaft: Du schaffst es nicht allein.«

Dabei weiß man doch: Sie haben gelernt, sich im Kindergarten zurechtzufinden, sie haben Fahrradfahren, Schreiben, Lesen und Schwimmen gelernt. Anfangs haben sie dabei stolz auf die Reaktionen der Eltern gewartet. »Spätestens mit 16 schaut man dann nicht mehr auf die Eltern. Steht man in der Schulaula auf der Bühne, dann will man meist Gleichaltrige beeindrucken. Man wohnt noch zu Hause, erobert aber schon andere Welten.« Etwas später bleibe den Eltern nur noch das Beobachten aus der Ferne, oft auch die besorgte Anteilnahme. Das Gute daran: »Für diese Art der Liebe gibt es keinen Endpunkt.« Das Glück des Kinderhabens endet so gesehen nicht mit der »aktiven Elternschaft«.

Schon vorher hat dieses besondere Glück Thomäs Meinung nach wesentlich im »Betrachten« bestanden, im »zurückgelehnten« Zustand. In unserem Bewusstsein, dass dieser kleine Mensch, den wir da gerade spielen sehen, mit uns in einer besonderen Beziehung steht. Er ist »ein Stück von uns«. Selbstverständlich kein Klon, keine bloße Kopie. Aber etwas mit uns Verbundenes, das in der Welt lebt.

In seinem Buch über die »riskante Lebensform« der Elternschaft hat Thomä auch Peter Handke zitiert. Der Schriftsteller schreibt in seiner *Kindergeschichte* über den Vater, der seine Tochter aus einer Spielgruppe abholt: »Sie ist zwar nicht ungern unter den anderen, aber sie gehört zu ihm.« Dass »draußen jemand ist, der zu einem gehört, an dessen Existenzgründung man beteiligt war – auf diese Tatsache stützt sich das besondere Zugehörigkeitsgefühl der Eltern zu ihren Kindern«, findet auch Dieter Thomä.

Wunderbar: Wenn das stimmt, stimmt es auch nach dem Auszug der Kinder. Möglicherweise ist dann sogar im fernen Neuseeland jemand, der zu einem gehört. Dieser Jemand lebt anders als man selbst. Familie ist für Thomä auch ein »Tummelplatz der Unterschiede«. »Faszinierend an einem Kind ist nicht zuletzt, wie dieses auf verschlungene Weise ein Eigenleben entwickelt – und dabei doch zum Beispiel von elterlichen Vorgaben ausgeht.« Wenn Kinder ihren Weg gehen, wenn sie weit weg reisen, etwas ganz anderes lernen und einen Beruf ergreifen, den man für sich selbst nie in Betracht gezogen hätte: Immer bleibt die Tatsache, dass man diesem Menschen das Leben geschenkt hat. Dass man – und das gilt auch für Adoptiveltern und Stiefeltern in Patchworkfamilien – dieses Kind ins Leben eingeführt hat. Man hat ihm etwas beigebracht: vom Sprechen über Tischmanieren bis zur Sexualaufklärung. Man kann also glücklich und froh sein, wenn er oder sie etwas mit diesem Leben und diesem Rüstzeug anfangen kann.

Eltern, die unter dem Auszug ihrer Kinder leiden, hält der Philosophieprofessor entgegen: »Was wäre die Alternative?« Etwa ein volles Nest, in dem die Generationen aufeinanderhocken? »Nur wenn man sich das ausmalt, sieht man, wie grausig es ist. Deshalb geht es mir gegen den Strich, wenn über diesen Schritt in die Unabhängigkeit so viele Tränen vergossen werden.« Schon in der Pubertät werde doch deutlich, dass das Zusammenleben in einer Familie nicht auf Dauer angelegt ist, dass es an der Zeit ist, »aus dem Dampfdrucktopf Familie etwas Hitze herauszunehmen«.

Alles könne man schließlich nicht haben: »Wenn man das Empty Nest beklagt, muss man das Hotel Mama begrüßen und umgekehrt.« Man könne die erwachsenen Kinder nicht gleichzeitig bei sich behalten wollen und stöhnen, dass sie ihre Wäsche nicht selbst waschen, gibt Thomä zu bedenken. »Fürs Rosinenpicken ist die Elternschaft schlecht geeignet.«

Mehr bringe es, sich die Chancen der Befristung vor Augen zu führen, stolz zu sein auf einen erwachsenen Menschen, den man großgezogen hat und der nun »draußen« wichtige Aufgaben erfüllt, beruflich wie privat. Kinder, die Teil der großen weiten Welt geworden sind. »Wenn sie zu Hause wohnen würden, würde man bestimmte kostbare Erfahrungen nicht machen können«, sagt Thomä als Vater und Genießer.

Als Angehöriger der »Babyboomer«-Generation der 1950er und frühen 60er Jahre hat auch Thomä die Erfahrung gemacht, dass der Auszug sich früher anders gestaltete. »Heute gibt es zwischen Kindern und ihren Eltern mehr Vertrautheit, eine höhere emotionale Verbindung und eine bessere Gesprächsfähigkeit. Das könnte den Schritt in die Ferne schwieriger machen« – für die Kinder und für die Eltern.

Allerdings wisse er gar nicht, wie seine Eltern sich damals gefühlt haben, überlegt er. »Wenn ich mich in sie hineinversetze, dann hätte ich gern mehr über den Kerl gewusst, der da von zu Hause weggegangen ist. Es muss doch eine große unbefriedigte Neugier gegeben haben.« Zumal der »Kerl« den Kontakt zeitweise extrem »ausgedünnt« habe und nicht einmal Weihnachten mit seiner Familie feierte. »Ich habe mich vielleicht einmal im Monat aus der Telefonzelle gemeldet, ein eigenes Telefon hatte ich ja nicht. Und ich habe ab und zu einen Brief nach Hause geschrieben.« Wenn er das mit heute vergleicht! Wo die Kinder bereitwillig sogar ihren Liebeskummer mit den Eltern teilen. Von Weihnachten und den Geburtstagen ganz zu schweigen, die sie gern im Kreis ihrer Eltern und Geschwister feiern. »Wenn man überhaupt von einem Empty-Nest-Syndrom sprechen kann, dann passt das doch eher auf die damalige Zeit.« Nur war man damals das Kind, das sich abgenabelt und abgegrenzt hat und es kaum erwarten konnte, ein als »spießig« empfundenes Nachkriegsnest zu verlassen. Wie es den Eltern ging, bekam man kaum mit. Zumal sie nicht über Gefühle gesprochen haben.

In einem Punkt hatten es die Erwachsenen früherer Generationen vielleicht leichter, sich mit dem Flügge-Werden ihrer Kinder zu arrangieren, überlegt Thomä: Der Druck, »forever young« zu bleiben, war noch nicht ganz so stark, und auch nicht sein Gegenstück, die Angst, zum alten Eisen zu gehören. »Dass das Leben endlich ist, ist zwar ein zeitloses, für jeden Menschen normales

Thema«, überlegt Thomä. »Aber die Art des Umgangs damit ist keineswegs zeitlos. Schließlich hat es in der Geschichte Phasen gegeben, in denen die Autorität mit jedem Jahr stieg, das man älter wurde, in denen Alter mit Anerkennung gekoppelt war.« In anderen Phasen, in denen umgekehrt die Jugend für ihre Dynamik, ihre Frische und Experimentierbereitschaft gefeiert wird, ist es schwerer, sich dem Älterwerden zu stellen. Thomä denkt nicht nur an die heutige Zeit, und schon gar nicht an Botox und Schönheitsoperationen, sondern an Epochen wie den »Sturm und Drang« oder den »Jugendstil« und die Wandervogelbewegung zu Beginn des 20. Jahrhunderts. Zeiten, in denen Aufbruch und Neubeginn höher bewertet wurden als Erfahrung, Pflichtbewusstsein und Beständigkeit, also als die Qualitäten, die Ältere – und aufgrund ihrer Rolle nicht zuletzt die Eltern – meist aufzuweisen haben. Die aber in jugendverliebten Zeiten langweilig und unattraktiv erscheinen. »Wenn die Kinder ausziehen, ist das ein Moment, in dem man Bilanz zieht und über die Dinge nachdenkt, die nicht rückgängig zu machen sind«, sagt Thomä. Er berichtet von Gesprächen mit den erwachsenen Kindern darüber, ob und wo seine Generation einen »guten Job« gemacht hat, auf welchen Gebieten es vielleicht auch Versäumnisse und Fehler gab. Irreversible, nicht wieder gutzumachende Versäumnisse und Fehler. »Trotzdem fällt es mir schwer, mich in eine Neidhaltung gegenüber den eigenen Kindern hineinzuversetzen«, betont Thomä.

Der Blick nach vorn bleibt ihm schließlich, in seinen beruflichen Projekten, aber auch privat. Unter anderem laden zwei muntere Enkelkinder dazu ein. Aus philosophischer Sicht gebe es ihnen gegenüber aber nicht dieselbe Art der Verpflichtung wie gegenüber den eigenen Kindern, betont er. Was Eltern anbetrifft, sei es ja so: »Die Aufkündigung der Elternschaft ist moralisch anstößig. Man ist an eine Verpflichtung gebunden, die man, anders als etwa in der Ehe, ohne Ansehen der Person eingegangen ist.« Eine tagtägliche Verpflichtung, wie er derzeit an seinen Kindern sieht: »Wickeln, Füttern, Aufpassen, zum Einschlafen bringen:

Ich hatte das schon fast vergessen, obwohl ich ein sehr engagierter Vater war«, sagt der Großvater. Und der Philosoph hebt es ins Allgemeine: »Eltern minderjähriger Kinder ›müssen‹ alles Mögliche, und das jagt vielen Angst ein.« Die Zuwendung der Großeltern zum Enkelkind sieht Thomä als Folge und Fortsetzung dieses fraglosen elterlichen Engagements, also als abgeleitete Beziehung. »Man verspürt auch hier eine Verpflichtung gegenüber dem eigenen Kind. Es gibt also einen Bereitschaftsvorschuss, sich auf das Enkelkind einzulassen. Und daneben natürlich eine große Neugier.« Das mache die neue Beziehung aufregend.

Elternschaft sei ein Genuss in vielen kleinen Gängen, hat Thomä in seinem Buch geschrieben. »Am Ende praktizierter Elternschaft steht, wenn es gutgeht, ein Glück, das, von allen tätigen Pflichten befreit, nur noch dem Betrachten eines Lebens gewidmet ist, das eigene Wege geht.« Man könnte, um im Bild des Menüs zu bleiben, sagen: Wer seinem Sohn oder seiner Tochter beim Einchecken für das Auslandsschuljahr hilft, ist bei der Käseplatte des üppigen mehrgängigen Menüs angekommen. Die Beziehungen zu den erwachsenen Kindern nach ihrem endgültigen Auszug kommen wenig später, nach dem Ende der aktiven Elternschaft, als Dessert hinzu. Als Sahnehäubchen sozusagen.

Im Gespräch ist es Thomä dann aber doch etwas unwohl mit der Mahlzeitenmetapher. »Man nimmt ja nicht nur etwas zu sich, man gibt als Vater oder Mutter auch.« Man strengt sich an, man steht zum Beispiel jeden Tag in der Küche und kocht. Man braucht deshalb, bildlich gesprochen, auch als Vater Verdauungspausen, Ferien von den Kindern. Trotzdem lässt der Philosoph sich noch einmal auf das eingängige Bild vom Genuss in vielen Gängen ein. »Der Nachtisch ist ja meistens süß«, sagt Thomä zum Abschied.

Glückliche Eltern. Nach dem Auszug der Kinder

Dass es vor allem dann ein schönes Gefühl ist, Kinder zu haben, wenn man beim Dessert angekommen ist, legt eine neue Studie von der Universität Heidelberg nahe. Ein Team um den Wirtschaftswissenschaftler Christoph Becker nahm sich Daten von 55 000 reiferen Erwachsenen im Alter von über 50 Jahren aus 16 Ländern vor. Die Wissenschaftler werteten den Survey of Health, Ageing and Retirement, kurz SHARE, aus. Sie wollten unter anderem herausfinden, welche Faktoren das Wohlbefinden älterer Menschen positiv beeinflussen. Zunächst stellten sie – wenig erstaunlich – fest: Freundschaften und Partnerschaften wirken positiv. Die Forscher interessierten sich aber auch dafür, welchen Einfluss Kinder in dieser Hinsicht haben. Auf den ersten Blick zeigte sich: Die Eltern unter den Studienteilnehmern fühlten sich seelisch stabiler und insgesamt wohler als die Kinderlosen. Sie berichteten deutlich seltener über getrübte Stimmungen. Bei genauer Betrachtung erwies sich jedoch, dass es die positiven Angaben einer bestimmten Gruppe von Eltern waren, die hier in die Waagschale gefallen waren: nämlich die derjenigen Mütter und Väter, deren Kinder nicht mehr zu Hause lebten. Sie waren es, die sich besonders positiv äußerten. Lebten bei den Befragten noch Kinder im Haushalt, war das Bild längst nicht so eindeutig. Die Forscher führen das auf den Stress zurück, dem diese Mütter und Väter noch ausgesetzt waren.

Erwachsene Kinder zu haben, die zwar nicht mit einem im selben Haushalt leben, mit denen man aber kommunizieren kann, die einen über ihr Leben auf dem Laufenden halten und die im Notfall soziale Unterstützung geben können, scheint das Lebensgefühl von Menschen im reiferen Lebensalter hingegen deutlich zu verbessern.

Ich denke, das ist eine gute Nachricht für alle, die den Auszug ihrer Kinder noch vor sich haben oder unter den unmittelbaren

Folgen des geleerten Nests leiden: Sie können damit rechnen, dass die Kinder auf die Dauer beträchtlich zu ihrem (Eltern-)Glück beitragen werden – auch und gerade, wenn sie fern vom Elternhaus ihr eigenes Erwachsenenleben leben. Das passt zu der Feststellung des Philosophen Hermann Lübbe, der für die Menschen generell am ehesten dann Chancen auf Zufriedenheit sieht, wenn sie eine Arbeit gut zu Ende geführt haben: »Ein Anhauch des Glücks berührt uns im Blick auf's getane sinnvolle Werk, wenn wir sozusagen oder auch buchstäblich den Schweiß von der Stirn wischen.«

»Die Welt mit ihren Angeboten legt fest, was ich zu einem gegebenen Zeitpunkt wollen kann. Der Rest liegt bei mir.«

Peter Bieri, Philosoph,
in »Das Handwerk der Freiheit«

Zum Schluss

Wir haben über das »leere Nest« nachgedacht. Darüber, wie es Müttern und Vätern geht, deren erwachsene Kinder es verlassen. Darüber, wie sie »allein« klarkommen, wie sie trauern, ihre Traurigkeit überwinden, neue Pläne schmieden, die Vorzüge der neuen Freiheit erkennen. Männer, Frauen, Paare, Alleinerziehende und Fachleute verschiedener Disziplinen haben darüber berichtet, wie sich die Situation darstellt: von den ersten Vorboten der Ablösung über den Tag des Auszugs bis zu der Zeit, in der das kinderfreie Wohnen zur Gewohnheit geworden ist.

Das Bild vom »leeren Nest« ist anschaulich. Es trifft, wie wir gesehen haben, ins Schwarze, indem es die Gefühle beschreibt, die viele »verlassene« Mütter und Väter beuteln. Doch es führt zugleich in die Irre, denn Menschen sind keine Vögel, ihre Behausungen sind auf nachhaltigere und vielfältigere Nutzung angelegt.

Versteht man den Begriff Nest in einem weiteren Sinn, kann es sich zudem wieder füllen: mit neuen Beschäftigungen, neuen Gedanken, neuer Geselligkeit – und möglicherweise mit neuen Möbeln. Für Paare bietet sich die Chance, sich neu zu entdecken. Auch wenn das in einigen Fällen zu der Einsicht führt, in Zukunft besser getrennte Wege zu gehen. Doch sollte das bisherige gemeinsame Leben nicht infrage gestellt werden, ihm verdankt man immerhin eines oder mehrere wunderbare Kinder. Und diese Kinder bleiben. Dass die Mutter »sehr weinet«, weil sie ja »nun kein Hänschen mehr« hat, ist in den allermeisten Fällen keine zutreffende Beschreibung des Ist-Zustands der Beziehung zwischen erwachsenen Kindern und ihren Eltern. Echter Krach und dauerhafte Trennungen sind heute glücklicherweise die Ausnahme – und zudem nicht unwiderruflich, wie ein prägnantes Beispiel in diesem Buch gezeigt hat. Außerdem tut das alte Volkslied Unrecht daran, nur die Mütter in den Blick zu nehmen. Auch Väter weinen, wenn Hans oder Hannah ausziehen. Oder sie sind traurig, ohne es sich anmerken zu lassen.

Über der eigenen Trauer sollte man zudem die »Kinder« nicht vergessen, die sich in die große weite Welt aufmachen. Sicher:

Hänschen klein betrübt seine Mutter. Doch Hans selbst? Ist er während seiner Wanderung »mit Stock und Hut« wirklich immer »frohgemut«? Plagt ihn nicht an trüben Tagen das Heimweh? Würde er nicht ab und zu gern einfach eine Portion der leckeren Spätzle vorgesetzt bekommen, die sein Papa zu Hause immer macht – während seine Mama mit ihrer Kreditkarte für ihn die Bahntickets bucht und seine Wäsche wäscht, bevor er zur nächsten Tour aufbricht?

Auch die jüngere Generation hat mit der Ablösung zu kämpfen. Einige junge Leute lassen zu Hause ein »Empty Nest« zurück und kommen zugleich selbst in eines: Sie müssen sich in einem leeren Zimmer, einer kleinen Wohnung, einer neuen Stadt, in der ihnen noch die Freunde fehlen, ganz auf sich gestellt erst einmal einleben. Andere sammeln auf Reisen faszinierende Erfahrungen – und müssen doch auf den größeren Erfahrungsschatz und in einigen Fällen auch auf eine Finanzspritze der Eltern zurückgreifen, wenn sie in eine brenzlige Situation geraten. Nicht wenige ziehen »danach« gern wieder für eine Zeit zu Hause ein.

Die Ablösung von den Eltern ist eine Entwicklungsaufgabe. In der Pubertät lösen Kinder üblicherweise ein Stück weit ihre kindliche Bindung an die Eltern. Die Geborgenheit der Kindheit komme ihnen definitiv abhanden, sagt der Kinderarzt und Buchautor Remo Largo. Gleichaltrige nehmen den Platz der Vertrauten ein. Gut so. Doch dieser Prozess ist auch mit Ängsten verbunden. Einige Kinder spüren sie kurz bevor die Pubertät beginnt.

Meine älteste Tochter zum Beispiel sagte mir mit zehn Jahren eines Abends vor dem Schlafengehen: »Ich will jetzt nicht mehr älter werden.« Auf meine verwunderte Nachfrage erklärte sie, sie wolle nie von zu Hause ausziehen, niemals ohne uns Eltern leben. »Alles soll so bleiben wie jetzt.« Ich konnte sie beruhigen: Sie würde noch eine ganze Zeit lang bei uns leben und eines Tages ihre Meinung über diesen Zustand ändern. Wenige Jahre später wusste ich: Das Mädchen hat die »Entwicklungsaufgabe«, von der Remo Largo spricht, beherzt in Angriff genommen. Heute ist sie selbst Mutter von zwei Jungs, die ihrerseits vor der Herausforderung der Adoleszenz stehen. Die Rollen aller Beteiligten ändern sich im Lauf der Zeit, und damit auch die Art der Bindung. Ihrer Stärke muss das nicht unbedingt etwas anhaben.

Dass zwischen den Generationen heute oft eine große Nähe herrscht, macht Abschiede jeder Art besonders schwer: wenn erwachsene Kinder ausziehen, wenn Eltern und Kinder räumlich weit getrennt sind, wenn die Eltern eines Tages krank werden und sterben.

Im Schmerz steckt, so gesehen, eine sehr gute Nachricht: Er kommt daher, dass wir uns so gut verstehen. Deshalb brauchen beide Seiten oft Zeit, um mit der neuen Situation zurechtzukommen. Selbstverständlich brauchen sie auch das Bewusstsein, dass Eltern und Kinder nicht einfach »ziemlich beste Freunde« sein können. Ihre Beziehung ist asymmetrisch, sie gehören verschiedenen Generationen an, haben unterschiedliche Lebensperspektiven. Nur in Ausnahmefällen ist es richtig, wenn sie dauerhaft zusammenleben. Selbst junge Menschen mit Behinderungen drängt es, sich von den Eltern unabhängig zu machen. Man kann sich trotzdem weiterhin gut verstehen.

Ein ganz anderes Bild hat der Schriftsteller Peter Weiss (1916–1982) in seiner autobiografischen Erzählung *Abschied von den Eltern* im Jahr 1961 gezeichnet, kurz nach deren Tod. »Ich habe oft versucht, mich mit der Gestalt meiner Mutter und der Gestalt meines Vaters auseinanderzusetzen, peilend zwischen Aufruhr und Unterwerfung. Nie habe ich das Wesen dieser beiden Portalfiguren meines Lebens fassen und deuten können«, beginnt Weiss seine Erzählung. Die Trauer, die ihn beim fast gleichzeitigen Tod des Elternpaares erfasst, gilt dem Versäumten, das seine Kindheit und Jugend »mit gähnender Leere umgeben« habe, wie er berichtet. Weiss erzählt von Eltern, die sich Mühe gaben, die ihre Kinder in ihrer jeweiligen Eigenart und Begabung jedoch nicht verstanden. Von einer Zeit, in der Konventionen, kunstfeindliche, »wohlanständige« Bürgerlichkeit, körperliche Distanz und Strenge das familiäre Zusammenleben prägten, ähnlich wie in Michael Hanekes Film *Das weiße Band*. Weiss erkennt schließlich: »Die Trauer galt der Erkenntnis eines gänzlich missglückten Versuchs von Zusammenleben, in dem die Mitglieder einer Familie ein paar Jahrzehnte lang beieinander ausgeharrt hatten.«

Für mich ist diese Perspektive eines erwachsenen Kindes auf die Zeit des familiären Zusammenlebens in einer viel tieferen Art traurig als die Wehmut von Vätern und Müttern angesichts des Auszugs eines geliebten Kindes, mit dem sie sich gut verstanden haben. Keiner wünscht sich die Zustände, von denen Haneke und Weiss berichten, ernsthaft zurück.

Wer betrübt ist, weil eine erfüllende, lebendige Lebensphase zu Ende geht, der bedauert vielleicht die Endlichkeit des Schönen, ist aber deshalb nicht trostlos – sondern zugleich froh darüber, dass es diese Zeit gab und dass in ihr so viel gelungen ist.

Ja, das Nest ist leer. Aber eine gute Beziehung ist aller Erfahrung nach nicht an ein gemeinsames Dach über dem Kopf gebunden.

Anhang

Literatur

Bücher

Lieselotte Ahnert: Wieviel Mutter braucht ein Kind? Bindung – Bildung – Betreuung: öffentlich und privat, Heidelberg 2010

Matthias Albert, Klaus Hurrelmann et al.: Jugend 2015. 17. Shell-Jugendstudie, Frankfurt am Main 2015

Hannah Arendt: Vita activa oder Vom tätigen Leben, München 2002 (zuerst 1958)

Till Bastian: Die seelenlose Gesellschaft. Wie unser Ich verloren geht, München 2012

Peter Bieri: Das Handwerk der Freiheit. Über die Entdeckung des eigenen Willens, München 2001

Barbara Bleisch: Warum wir unseren Eltern nichts schulden, München 2018

Uwe Bork: Endlich Platz im Nest! Wenn Eltern flügge werden, Stuttgart 2011

Günter Burkart: Soziologie der Paarbeziehung. Eine Einführung, Wiesbaden 2018

Günter Burkart: Familiensoziologie, Stuttgart 2008

Silke Burmester: Mutterblues. Mein Kind wird erwachsen, und was werde ich?, Köln 2016

Elena Ferrante: Frau im Dunkeln. Roman, Berlin 2019

Lucy Rose Fischer: Tochter bleibst du immer. Mütter, Töchter, Schwiegermütter, München 1991

Anne Frank: Liebe Kitty. Ihr Romanentwurf in Briefen. Aus dem Niederländischen von Waltraut Hüsmert, Zürich 2019

Nancy Friday: Wie meine Mutter. My Mother My Self, Frankfurt am Main 1982 (zuerst 1979)

Erich Fromm: Die Kunst des Liebens, Frankfurt am Main 1979 (zuerst 1959)

Peter Handke: Kindergeschichte, Frankfurt am Main 1981

Michel Houellebecq: Serotonin. Roman, Köln 2019

Franz Kafka: Tagebücher. Band 3: 1914–1923. Herausgegeben von Hans-Gerd Koch, Michael Müller und Malcolm Pasley, Frankfurt am Main 1996
Verena Kast: Loslassen und sich selber finden. Die Ablösung von den Kindern, Freiburg 2007 (zuerst 1991)
Remo H. Largo: Kinderjahre. Die Individualität des Kindes als erzieherische Herausforderung, München 1999
Remo H. Largo / Monika Czernin: Jugendjahre. Kinder durch die Pubertät begleiten, München 2013 (zuerst 2011)
Hermann Lübbe: Modernisierung und Folgelasten. Trends kultureller und politischer Evolution, Berlin / Heidelberg 1997
Adelheid Müller-Lissner: Liebe, Wut und Schuldgefühle. Wenn Töchter sich lösen, Freiburg 2000
Christiane Papastefanou: Auszug aus dem Elternhaus. Aufbruch und Ablösung im Erleben von Eltern und Kindern, Weinheim 1997
Pasqualina Perrig-Chiello: Wenn die Liebe nicht mehr jung ist. Warum viele langjährige Partnerschaften zerbrechen und andere nicht, Bern 2017
Wilhelm Schmid: Die Liebe atmen lassen. Von der Lebenskunst im Umgang mit Anderen und der Welt, Berlin 2013
Helmut Schulze: Nesthocker Mensch. Neurosen als Folge verfehlter Nestablösung, Stuttgart 1993 (zuerst 1977)
Helm Stierlin: Eltern und Kinder. Das Drama von Trennung und Versöhnung, Frankfurt am Main 1980
Ludwig Thoma: Der Wittiber, München 1947 (zuerst 1911)
Dieter Thomä: Eltern. Kleine Philosophie einer riskanten Lebensform, München 1995
Lew Tolstoi: Die Kreutzersonate, Zürich 2006 (zuerst 1889)
Gerlinde Unverzagt: Generation ziemlich beste Freunde. Warum es heute so schwierig ist, die erwachsenen Kinder loszulassen, Weinheim 2017
Klaus Vetter (Hg.): Kinder – zu welchem Preis? Was es bedeutet, Kinder zu haben, Opladen / Wiesbaden 1999

Peter Weiss: Abschied von den Eltern. Erzählung, Frankfurt am Main 1961

Christa Wolf: Kindheitsmuster, München 1988 (zuerst Berlin und Weimar 1976)

Virginia Woolf: Ein Zimmer für sich allein, Frankfurt am Main 1981 (deutsche Übersetzung zuerst 1978)

Beiträge in Fachzeitschriften und Zeitungsartikel

Elizabeth Bates Harkins: Effects of Empty Nest-Transition on Self-Report of Psychological and Physical Well-Being, in: Journal of Marriage and Family 40 (1978), Nr. 3, S. 549–556

Christoph Becker et al.: Marriage, Parenthood and social Network: Subjective Well-being and Mental Health in Old Age, in: PLo SONE 14 (2019), Heft 7

Dolores Cabic Bortland: A Cohort Analysis Approach to the Empty Nest-Syndrome among three Ethnic Groups of Women: A Theoretical Position, in: Journal of Marriage and Family 44 (1982), Nr. 1, S. 117–129

Eva Corino: Raus aus der Rushhour des Lebens, in: Der Tagesspiegel, 22. 7. 2018

Thomas Klein / Ingmar Rapp: Der Einfluss des Auszugs von Kindern aus dem Elternhaus auf die Beziehungsstabilität der Eltern, in: Zeitschrift für Soziologie 39 (2010), Heft 2, S. 140–150

Wolfgang Lauterbach / Kurt Lüscher: Wer sind die Spätauszieher? Oder: Herkunftsfamilie, Wohnumfeld und die Gründung eines eigenen Haushaltes, in: Zeitschrift für Bevölkerungswissenschaft 24 (1999), Nr. 4, S. 425–448

Birgit Ochs: Wenn das Kind auszieht, in: Frankfurter Allgemeine Zeitung, online aktualisiert am 1.11.2017, https://www.faz.net/aktuell/wirtschaft/wohnen/haus/mehr-platz-zuhause-zwei-muetter-erzaehlen-vom-auszug-des-kindes-15267848.html

Rose Oliver: The Empty Nest Syndrome as a Focus of Depression: A Cognitive Treatment Model, based on Rational Emotive Therapy, in: Psychotherapy: Theory, Research & Practice 14 (1977), Heft 1, S. 87 – 94

Allan Piper / Ian Jackson: She's leaving home: A large sample Investigation of the Empty Nest Syndrome, in: Papers des German Socio-Economic Panel (SOEP) und des Deutschen Instituts für Wirtschaftsforschung (DIW), 10. 5. 2017, www.diw.de/soeppapers

Gero von Randow: »Wie sollen wir denn lieben?« Ein Interview mit Isabelle Huppert, in: Die Zeit, 15. 9. 2011

Donald Spence / Thomas Lonner: The »Empty Nest«: A Transition within Motherhood, in: The Family Coordinator, Oktober 1971, S. 369 – 375

Weil er nicht ausziehen will: Eltern verklagen 30-jährigen Sohn, in: Stern-Neon-Online, 24. 5. 2018, https://www.stern.de/neon/wilde-welt/gesellschaft/usa--weil-er-nicht-ausziehen-will--eltern-verklagen-sohn-7993598.html

»Wieso sind unsere Kinder Nesthocker, Herr Thiel?« Interview mit dem Psychologen Michael Thiel, in: Der Spiegel 23/2016, S. 50

YouGov-Umfrage im Auftrag von dpa zum Auszug der Kinder: dpa-Meldung vom 6. 5. 2016: »Mehrheit der Deutschen ist gegen ›Hotel Mama‹ mit Mitte 20«

Websites

»Empty Nest Moms«, Bettina Teubert, www.enmoms.de

Anne Ramm Stiftung für gelebte Inklusion und Teilhabe, www.anneramm-stiftung.de

Verlassene Eltern, www.verlassene-eltern.com

② Dank

Es ist mir ein Herzensanliegen, allen meinen Gesprächspartnerinnen und Gesprächspartnern meinen großen Dank auszusprechen. Die Mütter und Väter haben mir Einblick in sehr persönliche, teilweise intime Konstellationen und Gefühle gewährt. Die meisten von ihnen wollten – auch mit Rücksicht auf ihre Kinder – nicht wiedererkannt werden, sie erscheinen in diesem Buch deshalb unter veränderten Namen. Leider muss der Dank deshalb anonym bleiben.

Von Wissenschaftlerinnen und Wissenschaftlern verschiedener Fachgebiete durfte ich viel lernen, ebenso von einigen Psychotherapeutinnen und -therapeuten. Auch dafür bin ich sehr dankbar!

Und ich danke Frank Fitzner, Jana Fröbel, Lioba Lissner, Marek Hahn, Ida Murgione, Dietrich und Ute Katharina Sachse dafür, dass sie Kontakte zu Interviewpartnern hergestellt haben.

Jana Fröbel gilt darüber hinaus mein großer Dank für ihr feinfühliges Lektorat.

Wie wichtig der Rat enger Freunde und meiner Familie war, versteht sich – wenn auch nicht von selbst. Was ich daraus gemacht habe, muss ich allein verantworten.

Die Autorin

Adelheid Müller-Lissner

Jahrgang 1952, Studium der Germanistik, Romanistik, Pädagogik und Philosophie in Marburg und Zürich, promovierte über Sartre, arbeitete einige Jahre als Lehrerin in München und lebt seit 1994 in Berlin, wo sie als freie Journalistin u. a. für den *Tagesspiegel* und als Buchautorin arbeitet. Die Autorin ist verheiratet, hat drei Töchter und sechs Enkelkinder.

Buchveröffentlichungen u. a.: *Nestwärme. Erziehung mit EQ* (München 1998), *Liebe, Wut und Schuldgefühle. Wenn Töchter sich lösen*, Zürich 2000.

Bücher im Ch. Links Verlag: *Passen Kinder in mein Leben? Eine Entscheidungshilfe* (2002), *Enkelkinder! Eine Orientierungshilfe für Großeltern* (2006), *Unter drei schon aus dem Haus? Eine Entscheidungshilfe für junge Eltern* (2007), *Verzeihen können – sich selbst und anderen* (2011).